시계꽃 도시

이 책을 남편 알베르또와
아들 다니엘에게 바친다.

시계꽃 도시

2024년 12월 2일 초판 1쇄 발행

지은이 이정원 | 펴낸이 김은영 | 펴낸곳 북나비
출판신고 2007년 11월 29일 제380-2007-00056호
주소 04992 서울시 광진구 자양로9길 32 4층(자양동)
전화 (02)903-7404, 팩스 02-6280-7442
booknavi@hanmail.net
블로그 www.booknavi.co.kr

ⓒ 이정원 2024
ISBN 979-11-6011-147-7 03810

※ 이 책의 저작권은 저자에게 있으며 출판권은 북나비에 있습니다.
※ 이 책의 전부 또는 일부를 이용하시려면 저작권자와 북나비의 동의를 받아야 합니다.
※ 책값은 뒤표지에 있습니다. 잘못된 책은 바꾸어 드립니다.

시계꽃 도시

글 | 이정원 그림 | 이동현

보나비

책을 내며

오틸리엔 장미

삼 년 전 순례길에, 왜관 베네딕도 수도원의 모원인 오틸리엔 수도원에 든 저녁이었다. 작은 오틸리엔 역으로 산책을 나간 일행과 떨어져 옆길로 혼자 접어들었다. 조금 걷다가 언덕에서 빨강 꽃송이를 달고 있는 장미 떨기를 만났다. 아침부터 짙은 우울의 안개 속에 있던 터라, 그 꽃이 갑자기 흑장미로 보이는 거였다.

흑장미라 해도 검정이 아닌 검보라일 뿐, 실제로 볼 수 있는 곳은 흙의 조건이 맞는 튀르키에의 할페티 지역밖에 없다는데. 그 희귀한 장미를 만났다는 환희로 내 안에 자리한 우울을 걷어내고 싶었는지도 모르겠다. 잊고 있던 이국의 그 흑장미 기억이 갑자기 떠오른 건 어젯밤 일기를 쓰고 나서 자려고 누웠을 때였다.

글자를 알게 되면서부터 줄곧 연필로 써온 나의 검정 글씨들이, 삶의 마지막 순간 구석구석에서 모여들어 한 다발 흑장미로 검은 봉헌복과 함께 수의가 되어주는 건 아닐까. 참 많이도 쓰며 지내온 날들이었다. 원고에 메모에 일기에, 봉헌회 미사 때 항상 구석 뒷자리에 앉는 이유도 경건함을 방해하는 그 사각거림 때문이었다.

 아들에게서 '다이아몬드와 연필심인 흑연이 똑같이 탄소로 이루어져 있다.'는 말을 들은 날이었다. 연필로 써낸 내 글씨 속의 탄소들은 좀 서글플지언정, 결코 다이아몬드가 된 탄소들을 부러운 눈빛으로 바라보지 않을 거라며 웃었다. 그런 날 보며 아들은 그건 물질의 구성에 관한 것일 뿐인데, 역시 독특한 해석이네요 했다.

후에 조경가가 되기는 했지만, 남편 역시 아들과 마찬가지로 물리를 공부한 사람이었다. 그들이 과학적인 사고를 거의 하지 않는 글쟁이인 나를 받아들여 준 건 정말 고마운 일이다. 열 손가락으로 꼽을 수 있는 나의 지인들도 그러했을 것이다. 그럼에도 여태껏 함께 해주고 있음에 항상 깊은 감사의 마음을 품고는 한다.

기회가 온다면 다시 한번 오릴리엔 수도원에 들어 한적한 길을 걸으며, 그 언덕의 빨강 장미가 예전처럼 흑장미로 보여지는지 확인하고 싶다. 시간이 흐른 지금은 그때와 같은 우울 속에 있지 않고, 끝날까지 멈추지 않을—그게 대수로운 것이든 아니든, 나에게는 또 다른 숨쉬기와도 같은— 연필 글씨가 곧 흑장미라는 사실을 알았으니 말이다.

순례의 여정을 마치고 수도원을 떠나는 날 새벽 꿈에 본 베네딕도 사부는 다니엘의 그림에서처럼, 연둣빛 하늘이 펼쳐진 언덕 위에 따르던 까마귀와 함께 지팡이를 짚고 선 검은 모습이었다. 그 안에 담긴 인생 행로의 의미가 무엇일까를 아직도 생각한다. 언젠가 한아름 카라꽃으로 마음을 보내왔던 북나비 선생님의 손에서 책이 만들어져 더욱 기쁘다.

체칠리아

차례

6 오리엔탈 장미

12 시계꽃 도시

30 한티아고 진달래

48 마리아라흐 해바라기

66 문주란 분수공

84 보이에른 장미

차례

올리베따노 목백일홍 102

아인지델른 만데빌라 120

내소 상사화 138

바다백합 계곡 156

화석섬 해당화 174

끝 글자가 같은 하나의 역에서 떠나 또 하나의 역이 있는 이 도시에 닿은 전철이 달린 건 나에게 있어 그냥 지하의 철로가 아니라, 지붕 있는 다리가 안겨준 것과 같은 느낌의 시간 통로가 아니었을까. 젊은 친구의 목소리가 막지 않았다면 눈앞에 피어있는 그 시계꽃의 바늘을 손가락으로 돌려 돌아가고자 한 시간 속으로 갈 수 있지는 않았을까.

시계꽃 도시

시계꽃 도시

 내가 이 도시에 든 까닭은 오로지 시계꽃이 있으리라는 소망 때문이었다. 하지만 몇 해가 지나도록 덩굴 줄기에서 여름에 피어난다는 엷은 녹색의 그 꽃은 만날 수가 없었다. 다섯 장의 꽃받침과 꽃잎 위로 끝이 세 쪽으로 갈라진 자주색 암술과 그 밑에 노란색 수술이 있고, 그 아래로 끝은 보라색인데 가운데가 자주색인 실 모양의 부속체들이 촘촘히 박혀 원을 이룬 모양새가 시계의 시침과 분침 그리고 초침의 바늘처럼 보여 시계꽃이라는 이름을 지니게 되었다는 꽃을 실제로 본 적이 있는 건 아니었다.

 그 꽃을 처음 대한 건 어느 식물원의 벽이었다. 큼지

막한 사진 속에서 마치 시간을 품어 움직이기라도 하는 양 피어있는 자태가 시계보다 더 강한 시계의 느낌으로 다가왔다. 알 수 없는 건 그 후 그리 긴 시간이 지나지 않아서 그 꽃을 만나고 싶다는 소망을 안고, 이름의 끝 글자가 산山인 전철역 가까이의 이 도시로 옮겨 왔다는 사실이었다. 하지만 그뿐, 왜 꼭 그 꽃을 만나야 하겠다는 생각을 하게 됐는지는 도무지 기억해낼 수가 없었다.

옮겨야 할 짐은 이삿짐센터 트럭에 실어 보내고 나서 중요하다고 여겨지는 것을 담은 가방을 안고 타지 않던 노선의 전철역 의자에 웅크리고 앉아 내려오는 동안, 줄곧 왜 여태껏 살아온 집과는 반대 방향으로 가고 있는 걸까 하는 생각에 시달렸다. 우연의 일치인지 가까운 전철역 이름의 끝 글자가 역시 산山인 그곳에서 해가 뜨기도 전인 이른 새벽에 나와 몸을 실으며, 눈물이 나지는 않았으나 매우 처연한 심정이었던 건 가슴에 남아 있었다.

한 시간 남짓한 동안 유난히 칸이 많은 전철은 그

긴 몸을 이끌고 표시된 역마다 잠시 멈췄다 출발하기를 반복하며 줄곧 달렸다. 외출했다 돌아갈 때면 늘 올라가는 방향으로 전철을 타곤 했는데, 지금은 내려가는 방향으로 가고 있다는 게 낯설었다. 가끔 역에서 기다리는 동안 오가는 방향이 반대인 전철이 잠시 교차하는 모양을 보며, 저들은 그 짧은 시간의 만남을 위해 온종일 달리고 있는 건 아닐까 했던 기억이 새삼스럽게 떠오른 건 왜였을까.

끌어안은 가방에 이마를 박으며 조는 사이 꿈이라도 꾼 건지 발밑으로 안개가 깔린다는 느낌이 들기 시작했다. 점점 짙어지는 그 안개가 얼굴까지 올라오기 전에 잠에서 깨야겠다는 생각으로 머리를 흔들며 반쯤 눈을 떴다. 천장에 달린 전광판을 몇 번이고 확인하는 사이 앞으로는 반드시 알고 있어야 할 역의 이름이 뜨며 내리는 방향까지 화살표로 깜빡였다.

일어서려는 순간 발밑에 깔린다고 여겼던 안개는 사라지고 없었지만 그와 함께 뭔가가 거두어진 듯한 느낌이 남았다. 그리고 그때부터 내가 기억해낼 수 있는 건 끝 글자가 같은 이름의 한 전철역에서 타서 또 한 전철역에서 방금 내렸다는 것과 시계꽃을 만날 수 있으리라는 소망을 가장 중요한 짐으로 안고 왔다는 사실뿐이었다.

역에서 내려오는 계단은 꽤나 길었다. 한 시간을 넘게 내려왔는데도 아직 이른 시간이라 출근을 위한 전철을 타기 위해 반대쪽으로 오르는 사람들의 가쁜 숨을 먼저 마주쳤다. 계단 끝에서 길을 건너 마을버스가 서는 정류장 위로 난 짧은 언덕을 걸어 올라가자 바로 세 동의 아파트 건물이 나타났다. 지어진 지 오래된 곳이라 층이 높지는 않았으나, 세 개의 동이 가운데 주차장을 두고 서 있는 모양새가 무슨 성채에 든 것 같은 느낌이었다.

양쪽으로 줄지어 세워진 차들 사이로 소방도로라는 노란 글씨가 바닥에 쓰인 공간에 이삿짐 트럭과 사다리차는 벌써 도착해 있었다. 나를 보더니만 이내 차 안에서 내린 세 사람이 복도 쪽으로 난 베란다 턱에 사다리를 올리기 시작했다. 머무는 공간으로 가기 위해 엘리베이터를 탄다는 게 내게는 아주 낯선 일이었다.

버튼을 능숙하게 누를 자신이 없어 계단으로 걸어 올라가니 현관문은 이미 열려져 있었다. 안에서 나온 한 사람은 도배와 수리를 맡겼던 곳의 사장인 듯했다. 지금 도착하셨군요. 원하신 대로 되었는지요. 미리 와서 살피실 줄 알았는데 전화로만 확인하시더군요. 모두 붙박이로 처리했으니 짐만 옮기면 되시겠네요.

고맙다는 인사를 건네면서도 그 사람의 얼굴이 처음 보는 것처럼 생소했고 내가 맡겼다는 붙박이 가구의 건도 분명히 떠오르지를 않았다. 주문한 가전제품도 동시에 들어와 설치까지 마치는 바람에 이사는 예상보다 빨리 끝났다. 대충 정리해주는 것까지 계약이 되어 있었기에 그들이 들여놓은 짐을 풀려는 걸 그대로 두라고 했다.

정리는 나중에 천천히 할 테니 짐을 담아온 상자만 잘 챙겨서 가라는 내 말에 그 사람들이 반색한 건 물론이었다. 그들이 떠나자마자 우선 현관문부터 닫았다. 복도 쪽으로 난 현관문이 대문을 대신하고 그쪽 방 창문으로는 지나다니는 사람들의 모습도 비친다는 게 불안하게 여겨졌다. 이 공간의 구조가 불편한 걸 보면 아파트 생활은 처음 같았다.

거실과 큰 방 쪽으로 나 있는 베란다에는 커다란 유리 창문이 달려 있었다. 네 쪽으로 나누어진 그 문은 창문이라고 하기보다는 오히려 유리 벽 같았다. 방충망이 설치된 쪽의 창문을 밀어보니 바깥에 서 있는 나무들의 정수리와 눈높이가 맞았다. 그 밑에 모래가 깔린 동그란 마당이 있고 벽돌로 쌓은 울타리 앞으로는 작은 키의 나무들이 심겨 있었다.

십일월이 끝나갈 무렵이라 밖에서 들어오는 바람이 싸늘했다. 스산한 저 풍경이 늦가을과 겨울을 지나면 어떻게 변할까. 그건 어쩌면 새삼 봄을 기다리는 심정이기보다는, 이곳으로 옮겨온 이유인 시계꽃 계절에 대한 기대의 다른 이름이었을 것이다. 이른 시간부터 움직인 까닭에 어둠이 밀려오기 전부터 눈꺼풀이 내려앉았다. 미리 사 가지고 온 빵으로 시장기를 달래고, 이불을 찾아 짐 사이에 몸을 눕히고 나니 등 전체가 방

바닥으로 빨려 들어가는 듯한 피곤이 몰려왔다. 그리고는 이내 꿈속이었다.

단층집의 마루에 서서 비가 들이치는 창문을 통해 마당을 내려다보고 있었다. 그곳엔 얼마 전까지 아니 하루 전까지 손때 묻은 가구로 집 안에 놓여있었을 소파와 책상과 옷장들이 이제는 버려진 물건이 되어 내리는 빗물을 튕기고 있었다. 그 장면은 냉장고와 세탁기와 전자레인지 등으로 그리고 식탁과 의자 등으로 그 주인공을 바꾸어가며 여러 장면으로 겹쳐지곤 하는 거였다. 그걸 바라보는 내 눈빛에 어떤 흔들림도 없다는 게 오히려 의아했다.

빗줄기가 방향을 바꾸며 안쪽으로 들이치는 바람에 뒤로 물러서다 잠에서 깨니, 닫지 않고 잠이 들어버린 베란다 창문을 통해 늦가을 비의 차가운 소리가 들려오고 있었다. 이제 모자를 쓰고 나가기에 불편함은 없겠구나. 전날 인테리어 사무실에서 나온 사람을 만날 때나 이삿짐을 나르는 사람을 대할 때는 쓰고 있는 모자에 신경이 쓰였다. 그들이 돌아가고 난 뒤 현관문을 잠

그고 가장 먼저 한 일이 그리 두껍지 않은 모자를 재빨리 벗는 거였다.

한겨울에도 모자를 거의 쓰지 않았던 나로서는 견디기가 쉽지 않았지만 당분간은 어쩔 수 없는 상황이었다. 돌이켜 보니 꿈에서도 머리카락이 거의 만져지지 않을 정도의 맨머리였던 기억이 났다. 그럼 나는 이곳으로 내려오기 전에 이미 이런 삭발의 모양새를 하고 지내온 것일까. 거울을 보면 꿈속에서보다는 머리카락이 조금 자라나 있는 듯도 했다.

그래도 모자를 벗은 채로 밖에 나가면 보는 사람들이 항암 치료를 받았거나 아니면 여승이 아파트에 거처를 마련했나 하는 눈빛으로 바라볼 게 분명했다. 겨울이 오고 있어 모자가 그런 모양새를 감춰주기는 하겠지만 성당 미사에 갈 일이 걱정이었다. 그게 이곳으로 내려오기 전부터였다는 건 짐 속에서 나온 가발이 답을 해주고 있었다.

생활을 이어가기 위해 필요한 곳들이 어디에 있는지를 알아내기 위해서는 부동산 사무실에 가는 수밖에는 없었다. 이사는 잘했느냐는 인사말이 오간 뒤 여직원이 자세한 설명을 해줘서 다행이었다. 문을 밀고 나오는데 지나가던 젊은 아이 엄마가 알아보며 말을 건넸다. 오셨나 보네요. 내가 이사를 온 곳에 세 들어 살았다는데 알아보기가 어려웠다.

"이곳으로 이사를 올 계획은 전혀 없으니 자기 집처럼 여기고 오래 살라고 하시더니, 삼 년이 못 되어 그것도 갑자기 비워 달라고 해서 몹시 당황스러웠어요. 새로 주인이 되시면서 세 들어 살던 저희와 재계약하셨던 거잖아요. 그때 같이 오셨던 분은 안 보이시네요."

그 말을 들으며 지금의 집을 어떻게 사게 됐으며 누구와 함께 그 일을 했는지를 떠올려보려고 했지만 선명하게 기억이 나질 않았다. 이곳으로 처음 내려오는 전철 안에서 발밑에 깔린다고 느꼈던 안개가 그 기억들을 거두어 간 것이라면 언젠가 다시 밀려와 되돌려 주기를 기다리는 수밖에 없을 듯했다.

사월이 왔을 무렵에야 이곳이 시계꽃이 아닌 다른 꽃들의 작은 도시라는 걸 인식하기 시작했다. 십여 동이 넘는 아파트의 화단에서는 이루 다 헤아릴 수 없을 만큼의 많은 꽃들이 번갈아 피어났다. 꽃을 보기 위해 일부러 계절 여행을 떠날 필요가 없는 곳에 살게 됐구나 하는 생각이 들 정도였다. 그중에서도 도시 전체를 붉게 만드는 무리의 꽃은 피어있는 동안 그 꽃의 이름으로 축제가 열릴 만큼 장관을 이루었다.

하지만 그 많은 꽃 속에 내가 굳이 만나고자 하는 하나의 꽃은 없다는 사실이 오히려 늦봄에서 여름까지 안고 지내야 하는 서글픔으로 자리한 지 벌써 몇 년째. 그날 실내에 꾸며진 그 조촐한 정원에서 그 꽃을 만나게 될 줄은 전혀 예상치 못했다. 달이 뜨는 풍경이 유난히 아름답다는 호수는 이 도시에서 좀 떨어진 곳에 있었고, 그 가까이에 이파리라는 뜻을 지닌 이름의 정원이 있었다.

작은 화분에 심어진 화초들이 나란히 놓인 입구를 지나니, 비스듬하게 나선형을 이룬 통로를 따라 쉬게 접하지 못했던 여러 가지 식물이 자라고 있었고 군데군데 눈을 끄는 동물의 조형물도 자리해 있었다. 이어지는 방향을 따라 빙빙 돌며 올라가는데 한쪽에 세워진 나무 울타리를 온통 휘감고 있는 덩굴줄기가 보였다. 그 줄기에 달려 피어있는 연보랏빛과 진보랏빛 꽃송이가 눈에 들어오는 순간, '아, 시계꽃이구나.' 하는 감탄이 입에서 터져 나왔다.

그 바람에 앞서 올라가던 사람 한둘이 돌아보는 게 느껴졌지만 개의치 않고 꽃들 쪽으로 바싹 얼굴을 가져갔다. 사진 속에서 보았던 것과 똑같은 모양새의 꽃, 시계처럼 시침과 분침과 초침을 꽃잎 가운데 지니고 있는 그 꽃이 바로 눈앞에 있다니. 기다림이 드디어 이루어졌다는 기쁨에 겨운 내가 꽃술에 손가락을 대려는 순간, 약간 위쪽에서 그걸 제지하는 누군가의 목소리가 들려왔다.

"시계꽃이라고 해서 시계가 되돌리지 못하는 시간을 돌려놓을 수 있다고 여기시나요. 그러기에는 시곗바늘로 보이는 그 꽃의 술들이 너무 약해요. 손을 대시는 순간 다 부서지고 말 텐데요." 멈칫하며 눈을 드니 목소리의 주인으로 보이는 젊은 친구는 벌써 등을 보이며 비스듬한 통로의 위쪽 모퉁이를 돌아가고 있었다.

얼핏 본 옷차림으로는 그곳 관리 직원 같지는 않았는데, 왜 그런 말을 건넸는지 헤아려지지 않았다. 아니 그보다는 그가 말한 게 정말 내가 그토록 시계꽃을 소망해온 이유였을까 하는 생각이 먼저 들었다. 그러고 나서 다시 시계꽃을 들여다보니 사진에서처럼 꽃술에 선명한 힘이 실려 있지 않음을 알아차릴 수 있었다.

그때부터 그 꽃을 만나야겠다는 소망 대신 자리하기 시작한 건 왜 이 도시로 내려오면서 굳이 그 꽃을 찾아야겠다고 마음먹게 되었는지에 대한 이유였을 것이다. 옮겨가 살게 될 도시를 아예 그 꽃의 도시로 이름 지어 버렸던 것 또한 헤아려 보아야 할 부분이었다. 나는 과연 그 꽃의 바늘을 돌려 어떤 시간을 되돌리려 했던 걸까, 되돌리려고 한 시간의 기억은 왜 지워져 다시 자란 머리카락처럼 하얗게 되고 만 것일까.

갑자기 헝클어져 버린 눈빛으로 다시금 시계꽃의 덩굴줄기에 기대서다가 본 건 그 안쪽 공간에 자리한 조형물이었다. 통나무를 세워 만든 산 밑으로 원을 그리며 돌게 만들어진 높은 철로가 있고 그 위를 달리는 기차 한 량이 막 지붕이 있는 다리 입구로 들어서는 모양새였다. 그 작은 다리가 불러온 기억은 아주 먼 곳에 있는 수도원이었다.

순례길에 이틀 머문 적이 그 수도원은 산에 둘러싸여 무슨 요새 같았다. 묵고 있는 숙소에서 그곳에 가려면 지붕이 있는 긴 다리를 건너야 했다. 새벽 기도를 위해 모이는 시간에 조금 늦는 바람에 일행을 놓쳤던 나는 불빛이 거의 없는 비탈길을 내려가 흐릿한 등이 켜진 그 다리를 혼자 건너야 했다. 나무로 된 바닥 위로 걸음을 옮길 때마다 낯선 시간 속으로 들어가는 듯한 두려움이 밀려왔다.

다리를 벗어나자 순례자의 동상이 나왔고 조금 더 걸어 계단을 올라가니 수도원 성당이었다. 기도가 채 끝나기도 전에 빠져나와 다시 그 다리를 혼자 건너는 동안, 빨러 들어갔던 시간에서 다시 순례를 하고 있는 시간 속으로 돌아오는 느낌이었다. 그런 감정은 새벽하늘의 별이 다 자취를 감추고 햇빛이 돌아오면서 엷어졌지만, 지붕이 있는 그 다리는 내내 시간을 거슬러 오간 통로의 인상으로 남았다.

그건 어쩌면 수도원 건물 아래쪽에 있는 그 마을 사람들의 묘지 때문은 아니었을까. 캄캄한 길을 걸어 지붕 있는 그 다리를 건너갔던 시간은 이승에서도 잠깐 넘을 수 있는 저승의 경계. 지독한 아픔이 데려다주는 이승의 끝과 저승의 시작점이 있는 시간의 경계선인지도 모른다고 여겼던 기억이 실내 정원의 조형물을 통해 되살아난 건 뜻밖이었다.

끝 글자가 같은 하나의 역에서 떠나 또 하나의 역이 있는 이 도시에 닿은 전철이 달린 건 나에게 있어 그냥 지하의 철로가 아니라, 지붕 있는 다리가 안겨준 것과 같은 느낌의 시간 통로가 아니었을까. 젊은 친구의 목소리가 막지 않았다면 눈앞에 피어있는 그 시계꽃의 바늘을 손가락으로 돌려 돌아가고자 한 시간 속으로 갈 수 있지는 않았을까.

아쉬움인지 허망함인지 그 빛깔을 정확히 짚어내기 힘든 마음속 바람을 안고 나선형 통로의 끝까지 올라갔다 내려오는 길에 들어갈 때는 들르지 않았던 기념품점에 가 봤다. 아기자기한 소품들이 많았지만 눈이 오래 머물지는 못 했다. 어차피 산란해져 버린 발걸음이니 서둘러 돌아가는 게 낫겠다 싶어 문 쪽을 향하다가 한 사람과 어깨가 부딪혔다. 미안하다는 말을 건네며 얼굴을 들어 보니 시계꽃은 시간을 되돌릴 수 없다고 했던 친구였다.

"한데 아까는 내가 어떤 생각으로 시계꽃을 만지려는 줄 알고 그런 말을 한 거였나요. 그 말에 멈추기는 했지만 놀랐어요." "그 꽃 이름과 생김새가 그런 가능성을 열어두고 있잖아요. 저도 한때는 그 꽃이 그런 소망을 품게 해서 찾아다녔거든요."

그날 이후로 내 손가락에 흩어져버렸을지도 모를 시계꽃의 바늘에 걸었던 기대감은 사라졌지만, 그렇다고 해서 그 바늘을 통해 되돌리고 싶었던 시간의 기억을 저버리겠다는 생각을 한 건 결코 아니었다. 더디게 자라난 머리카락이 모자를 벗어도 될 정도가 되었음에도 굳이 그런 모습으로 내려와야만 했던 기억만은 데려와 그 까닭을 묻고 싶었다.

　그 조각들이 꿈속에라도 나타나 하나씩 모아 붙일 수 있다면, 정작 시계꽃이 없는 도시로 들어오며 시간을 돌려줄 그 꽃의 소망을 품었던 내가 조금은 이해될지도 모른다는 생각 때문이었을 것이다. 그래서였을까. 이 도시 밖에서 처음 시계꽃을 만나고 돌아와 걸어 들어간 새벽녘 꿈에서는—그 실내 정원에서 본 조형물 중의 하나인 듯한 어린 왕자가 어른이 된 모습으로 내가 좋아하는 초록색 코트를 입고 곁에 서 있었다.

　그리고는 신기하게도 내 마음 안의 답을 알고 있다는 듯이 말하던 젊은 친구와 하나로 겹쳐지는 거였다. 그게 시계꽃을 찾아 시간을 되돌리고 싶다는 소망을 접은 이 도시에서의 첫 인연이라는 것과 그 꽃에 거는 기대가 아예 없어져 버린 나날이 그래서 더 편안할 수도 있다는 건 꽤 긴 시간이 흐른 후에야 알았다.

그 물음처럼 어쩌면 어느 구간쯤에서 분명 봉오리 진 진달래를 보고 지나치지는 않았을까. 그건 결국 마지막 구간인 '사랑의 길'의 다른 이름. 결코 만만치 않은 일정 속에서 군데군데 눈에 띄며 가는 방향을 일러준 '그대 어디로 가는가.'라는 이정표처럼, 남아 있는 날들에 대한 길라잡이인지도 알 수 없었다.

한티아고 진달래

한티아고 진달래

그 순례길에 동행하기로 마음먹은 건 오로지 진달래색 등산화에 대한 예의를 지키기 위해서였다. 이 도시의 아파트에 살기 시작한 지 십이 년째, 이사 와서 짐 정리를 하며 베란다 선반에 올려둔 채 먼지가 쌓여 갔을 상자에 눈이 간 건 한 달쯤 전이었다. 상자 안에는 바깥에 그려진 상표 무늬가 있는 종이로 덮인 등산화가 들어 있었다. 진회색으로 된 가죽 면 사이에 천으로 된 부분이 진달래색이었다.

각각 옆으로 누워 얼굴을 마주 댄 두 짝을 들어내자 뜻밖에도 밑에서 한 장의 카드가 나왔다. 장미가 그려진 빛이 바랜 카드를 펼치자 "당신의 생일에."라는 글씨가 잠들어 있었다. 검은 잉크의 만년필로 쓴 듯한 필체가 낯익기는 했으나, 누구의 것인지는 전혀 기억이 나지 않았다. 글씨에 가시가 돋은 것 같아서 알아보기 쉽지 않다는 말을 듣는 내 글씨와는 영 다른, 누가 봐도 달필임을 느끼게 하는 글씨였다. 등산화와 함께 카드에 정성이 담긴 글씨까지 남긴 이는, 그럼에도 선뜻 떠오르지 않는 이는 누구일까.

카드의 내용으로 볼 때 완전히 혼자인 생활을 시작하기 전인 것만은 분명했다. 등산화는 한두 번밖에 신지 않은 듯 흙의 냄새가 거의 배어있지 않았다. 카드의 글씨가 누구의 것인지도 기억해낼 수가 없으니, 그 등산화를 신고 걸은 시간을 더듬어내는 건 아무리 애를 써도 도무지 가능한 일이 아니라는 생각이 들었다.

이걸 내게 사준 사람은 나와 함께 신고 걸은 기억을 가지고 있기나 한 걸까. 순간 거의 새것인 채로 남아 있는 그 등산화에 매우 미안하다는 느낌이 스쳐 갔다. 등산화라는 이름을 달고 생겨난 존재인데, 낡아서 수명이 다할 때까지 신고, 산을 오르내리지는 못할망정 바닥이나 콧등에 긁힌 자국 정도는 가지게 해주는 게 예의가 아닐까.

그 순례길에 관한 안내 포스터를 본 건 한 달에 한 번씩 가는, 집 가까이에 있는 전철역에서 상행선을 타고 한 시간 넘게 가서야 닿는 수도원 사무실에서였다. 남녘에 본원이 있는 그 수도원에 발을 들여놓기 시작한 지도 벌써 십 년을 넘기고 있었다. 매 주일 가는 집 근처의 성당 주보에 실린 내용을 보고 찾아간 걸음이었다.

"지금 새삼스럽게 수도자가 될 수는 없으나, 젊은 날 간직했던 수도자의 삶에 대한 열망을 조금이나마 실현시켜 보고자 하는 마음을 품은 분은 언제든지 문을 밀고 들어오십시오. 비록 울타리 밖에서라 해도 우리 수도원의 정신에 따라 살며 오래 묻어 두었던 꿈을 이루어 보실 수 있으리라 믿습니다. 그러니 주저하지 말고 찾아오십시오."

안내 글의 문구가 정확히 어떤 것이었는지는 이제 생각이 나지 않지만 내 나름대로 받아들인 내용이 그러했을 것이다. 원래부터 혼자 생활이었는지는 모르겠으나 현재로는 그러하니, 앞으로 이어가야 할 날들에 대한 버팀목이 있어야만 할 것 같은 위기감이 클 때였다. 그렇지 않으면 내 의식의 덩굴줄기들은 더 이상 위로 벋어 올라가지 못한 채 바닥을 기어 다니게 될지도 알 수 없다는 불안감에 자주 시달렸다.

이 도시의 거처로 옮겨와 제일 먼저 찾아간 곳이 성당이었고 그 안에서의 전례가 전혀 낯설지 않은 것으로 미루어 볼 때, 그 수도원에서 이끄는 모임에 입회를 해도 무리가 없을 것 같은 생각이 들었다. 아니 오히려 그로 하여 방향을 잡지 못한 채 휘청거리는 내 삶이 중심을 잡아갈지도 모른다는 일말의 기대감이 훨씬 더 컸을 것이다.

한 달에 한 번 있는 모임에 빠지지 않고 나가며 수도자가 되는 절차대로 비슷한 의식을 치르는 동안 수도복을 닮은 검은 옷도 입게 되면서, 그렇다고 결코 수도자는 아닌 수도원의 일부분이 됐다. 하지만 처음의 기대와는 달리 그러한 절차가 삶의 버팀목이 되어주지도 않았고, 짧지 않은 시간이 흐르는 동안 그저 의무처럼 오가는 일이 되어갈 뿐이었다.

그러던 어느 날 눈에 들어온 것이 그 순례길에 관한 포스터였다. 사무실 유리문에 붙어있는 글귀가 마음을 끌었다. "먼 곳에는 산티아고 순례길이, 가까운 곳에는 한티아고 순례길이." 잠들어 있던 등산화에 대한 예의를 지키기에 적합한 일정이란 생각이 들었다. 그 순례길에 동행을 하기 위해서는 본원이 있는 남녘으로 내려가야 했다.

새벽 기차를 타고 세 시간, 다시 택시를 타고 수도원에 딸린 피정집에 도착하고부터는 예상과는 달리 숨 돌릴 틈이 없었다. 방 배정을 받자마자 이 층 강당에 모여 사흘 여정에 대한 안내를 받고 수도원의 낮 기도에 참여했다. 그리고 돌아와서는 점심을 먹은 후 버스를 타고 순례를 시작하는 유서 깊은 성당으로 향했다.

문화재로 지정된 그 고풍스러운 성당 건물 안에는 들어갈 겨를조차 없었다. 오후 일정에 대한 설명을 들은 뒤 받아든 것은 "그대 어디로 가는가."라는 문구가 적힌 도장 카드였다. 여섯 면으로 나뉘어져 접혀있는 카드 안쪽에는 가는 곳마다 도장을 찍어야 할 장소가 적혀 있었다. 그리고 맨 마지막 면에 완주 인증서, 45.6킬로미터를 다 걸었다는 증명을 해주는 도장이 찍히게 될 난이 있었다. 결국 그걸 채우기 위해 걷는 것일까.

그걸 받아들고 출발점의 도장을 찍을 때만 해도 그 의미를 대수롭지 않게 여겼다. 끝까지 다 걷기만 하면 될 일이지 그 도장이 크게 중요할 것 같지는 않아서였다. 하지만 걷기를 시작하고 얼마가 지나면서부터 그 도장 찍기가 아니면 포기할지도 모르겠다는 쪽으로 생각이 바뀌어갔다. '돌아오는 길'로 이름 붙여진 그 날의 일정은 성당을 출발하면서부터 바로 숲길로 접어드는 바람에 준비가 안 된 상태에서의 시작과 같았다.

이렇게 바로 산행이라니, 집에서부터 신고 온 등산화에 대한 예의가 비로소 지켜지는구나 싶었다. 안 신던 신을 바로 신으면 밑창이 어이없이 떨어져 나가곤 한다는 말을 들은 터라 상자 안에서 꺼낸 등산화를 신고는 두 번 정도 걸은 게 다였는데. 이 여정을 둘레길을 걷는 정도라고 여기고 내려온 어리석음에 대한 후회가 생겨나고 있었다. 일행의 뒤를 겨우 따라 올라가면 도장을 보관한 새집 같은 장소 앞에 줄이 서 있고, 도장을 찍고 나면 바로 또 출발을 하고 도무지 숨을 돌리며 잠깐을 앉아 있을 여유조차 없었다.

저녁에 숙소로 돌아와 도장 카드에 각각 다른 모양으로 붉은색과 보라색으로 찍힌 도장을 보니, 전망 데크와 무슨 식물의 화석 산지와 마을 이름이 적혀 있었지만 뒤처지지 않고 따라 걸어야겠다는 일념뿐이어서 눈에 남아 있는 풍경은 없었다. 그런 지경이니, 나를 돌아본다는 그날의 의미는 아마도 지고 다닌 작은 배낭 속에나 들어 있었을 것이다. 이렇게 사흘을 어떻게 버티나 하는 걱정이 앞서기 시작했다.

하지만 다음날에 비하면 그건 시작에 불과한 거였다는 걸 그날은 미처 알지 못했다. 처음엔 간간이 들리던 말소리가 시간이 갈수록 점점 줄어들다가는 아예 침묵으로 변해간 이유 또한 알게 됐다. 다들 앞만 보며 걷느라고 입을 열 겨를이 없는 거였다. 신자들이 나무 아래 모여 움막을 짓고 살았다는 성지에 이르러서야 그날의 일정은 비로소 끝이 났다.

미리 도착해 있는 버스를 타고 수도원 피정의 집으로 돌아오니 바로 저녁 기도 시간이었다. 그리 길지 않은 시간인데도 졸음이 밀려왔다. 기도가 끝난 후 피정 집으로 돌아와 저녁을 먹고는 바로 씻었다. 침대가 두 개인 방은 혼자 썼지만 화장실과 샤워실은 공동이라, 다른 사람들과 겹치지 않으려면 재빨리 움직여야만 했다.

늘 혼자만의 공간에서 누구의 간섭도 없이 마음대로 시간을 쓰며 지내 온 터라 어디든 가서 하루라도 묵게 되면 크게 부담이 되곤 했다. 도리 없이 강당에서 이어진 저녁 강의를 빼먹고 그사이에 얼른 씻고 방으로 돌아왔지만, 너무 피곤한 탓인지 잠이 들지를 않았다. 다음날 일정은 새벽 여섯 시 반에 수도원에 가서 미사를 드린 것으로 시작이 됐다. 피정 집으로 돌아와 아침을 먹고 나니 마당에 벌써 버스가 와 있었다. 탁자에 준비된 물과 초콜릿을 받아들고 전날 일정을 마친 성지로 가서 다시 걷기 시작했다.

오전에는 '비우는 길'이라는 의미를 붙인 구간이었는데 역시 그걸 새길 여유는 없었다. 아래로 산자락의 풍경이 펼쳐진 쉼터에서 도장을 찍고 나면 바로 또 출발을 하고, 야자 매트가 깔린 길을 오르나 싶으면 내리막길로 접어들기를 반복하는 바람에 전날의 일정과는 비교가 안 되게 힘이 드는 시간이 이어졌다.

스틱 두 개를 짚어가며 걷는 사람들에 대한 부러움은 처음부터 자리해 있었다. 가지고 있지도 않으니 아예 챙겨올 여지조차 없었지만 얼마나 아쉬운지 몰랐다. 큰 저수지가 있는 곳에서 그 구간이 끝나고 점심을 먹으러 이동했을 땐 너무 지쳐서 말이 안 나올 지경이었다. 무슨 음식이 나왔는지 맛은 어땠는지 가늠이 되지 않는 건 물론 숟가락을 어떻게 움직였는지조차 모를 정도였다.

오후 일정인 '뉘우치는 길'로 접어들었을 때부터는 또 다른 갈등과 싸워야 했다. 산행을 계속하기가 어려운 사람들을 위해서 큰길로 이동하며 중간중간 나타나는 차량에 탑승할까 하는 마음이 커가고 있어서였다. 다음 구간까지만 가서 결정하자면서 주변 경치는 뒷전에 두고 오로지 도장을 찍기 위해 걷고 있다는 게 한심하게 여겨지기도 했다.

그러다가도 그렇게라도 걸으며 끝을 내야지, 그러지 못하고 돌아가면 또 얼마나 오랜 시간 그 아쉬움이 남아 힘들게 할까 하는 생각이 앞섰다. 아마도 '뉘우치는 길'은 뉘우치는 마음은 고사하고 그런 나와 싸우며 걸었다는 게 맞을 것 같았다. 그와 더불어 등산화에 대한 예의를 지켜야겠다는 발상 또한 얼마나 감상적이었나 하는 생각도 스쳐 갔다.

책상에 앉아 내 삶을 돌아보고 비우며 뉘우치지는 않는다 해도, 이렇게 극기에 해당하는 시간을 가지지 않고 그 과정을 거칠 수 있었으련만. 왜 사서 이 고생을 자처했을까 하는 생각에서 놓여나기가 힘들었다. 하지만 그 속에서 깨달아지는 한 가지는 있었다. 몸이 이리도 힘드는 일정을 견디다 보니 머리로는 도무지 그 어떤 것도 할 수가 없다는 것, 바쁜 꿀벌이 슬퍼할 겨를이 없다는 건 얼마나 여러 사람의 경험을 통해 얻어진 한 마디일까.

그러는 동안 곁에서 보기에도 걱정스러웠는지 앞에서 일행을 이끄는 이와 그 부인이 건넨 한 마디가 큰 힘이 됐다. 우리 뒤에 바짝 붙어서 따라오세요, 끝나고 난 뒤, 그 말씀 덕에 포기 안 할 수 있었어요 하고 손을 잡을 만큼의 고마움이었다. 첫날 출발은 같이했으나 다음 날부터는 차를 타고 이동하며 가끔 나타나 사탕을 나눠주는 수사의 웃음 또한 그랬다.

우리의 차마고도라고 한다는, 아래로 펼쳐진 풍경을 줄곧 내려다보며 걸은 길에서 만난 십자가는 그 산에 불이 났는데도 타지 않고 남았다고 해서 눈에 남았다. 고개만 꾸벅 숙이며 "저는 지금 이게 최선입니다."라는 말을 입속으로 중얼거렸다. 도장 여섯 개를 찍은 오후 일정을 마치고 돌아오니 이번엔 아예 저녁 기도 시간에 들어갈 체력도 남아 있지 않았다.

서둘러 숙소로 돌아와 재빨리 씻고 저녁을 먹는데, 내가 봐도 어이없을 정도로 많은 양을 접시에 담고 있었다. 어떻게든 내일까지는 버텨야 한다는 다급함에서 나온 행동이었지만 쉽게 들어가지도 않아서 결국 반 넘게 남기고 말았다. 그저 입에 당기는 건 단것뿐이었다. 사둔 초콜릿을 다 가지고 오지 않은 게 연신 후회가 됐다. 하는 수 없이 복도의 탁자에 놓인 커피 믹스의 설탕 부분만 쏟아서 뜨거운 물에 타 먹었다.

커피 가루가 섞여 들어간 탓인지 잠은 더 안 오는데다 다른 문제들까지 겹쳐서 일어나기 시작했다. 종아리에 쥐가 나서 가져온 파스를 다 붙이고 나자 양쪽 다리가 그것으로 도배를 한 모양새가 되어버렸다. 만만히 보고 두껍지 않은 양말을 신고 이틀을 걸은 탓에 엄지발가락 두 개만 빼고는 발톱 밑으로 물집이 잡히기 시작했다. 누르면 너무 아파서 대일밴드로 모두 감싸 놓으니 부상병의 발을 보는 것 같았.

다음날은 신었던 양말이라도 꺼내 겹쳐 신는 수밖에 없었다. 마지막 일정 역시 피정 집 성당에서 미사를 드린 것으로 시작했다. 그리고는 식사 후에 전날 마지막 도장을 찍은 아트막한 성당으로 이동했다. '용서의 길'

로 이름 지어진 그 여정 역시 결코 수월하지 않았다. 그래도 오늘이면 끝이다, 여기까지도 버텼는데 조금만 더 견디자 하며 거의 눈을 감은 상태로 앞 사람만 따라 걸었다.

점심을 먹은 곳에서는 쉽게 가시지 않는 청국장 냄새만 안고 나왔다. 그리고서 기를 쓰는 심정으로 다시 걷기 시작한 마지막 구간 '사랑의 길', 종착지인 그 성지의 초입에 들어설 때까지는 여전히 힘에 겨웠다. 조금만 더 견디자 하며 그곳에 도착해, 꼭 몸통에서 떨어진 머리를 연상시키는 돌덩어리를 마주하는 순간 가슴이 찔리는 듯한 느낌이었다.

박해가 시작되면서 포졸들에게 쫓겨 산속으로 도망치다가 죽임을 당한 자리에 제대로 된 봉분도 없이 묻혔다는 순교자들. 그때부터 오를 산길에는 하나부터 서른 일곱까지 이름도 없이 돌 십자가에 숫자로만 새겨진 무덤이 있다고 들은 때문이었을까. 그러자 예의를 다하겠다고 신고 온 내 등산화에 눈이 갔다.

그렇게 쫓기다 죽임을 당한 그들은 짚신이나 제대로

신고 있었을까, 아니면 맨발로 여기저기 돌이 깔려있는 길을 따라 도망치다가 피투성이가 된 발바닥으로 목이 떨어졌을까. 그런데 나는 이렇게 밑창이 두꺼운 신을 신고 예까지 이르는 길을 걸어오면서 힘들어 죽겠다고 한 거로구나 싶으니 부끄러움과 더불어 죄스러움이 밀려오는 거였다.

그리고 분명히 그때부터였을 것이다. 그들이 숯을 구워 팔며 숨어 살았다는 산속 숯 가마터를 거쳐 서른일곱 숫자 모두의 길가 무덤에 꾸벅꾸벅 고개 숙이며 마을의 모습을 재현해 놓은 곳까지 내려오는 동안 힘이 든다는 느낌이 전혀 들지 않았다. 나 스스로도 믿어지지 않을 만큼 힘겨움이 사라진 그 걸음은 결코 몸에서 비롯된 게 아니었다.

몸이 너무 힘들어서 머리로는 아무것도 헤아릴 수 없는 일정이었는데, 이번에는 몸과 상관없이 머리가 그 성지의 의미를 받아들였기 때문이라는 인식밖에는 답이 되지 않았다. 그것이 지금까지 내가 짊어졌다고 여겨온 고통—너무 심해서 그 기억조차 되살려내기가 힘겨워

지워버리고만—을 다른 무게의 발걸음으로 바꿔놓은 건지도 알 수 없었다.

그 덕분에 일행 중 가장 먼저 마지막 도장을 찍고 성지 사무실에 가서 완주 인증서 도장과 함께 순례길 지도가 그려진 청록색 기념 손수건을 받아들었을 때, 내 눈길이 가닿은 건 진달래색 등산화였다. 처음보다는 신고 산길을 오르내린 흔적이 여기저기 남아 이제 더는 그 신에 대한 예의를 갖추지 않아도 될 듯한 모양새였다.

결코 가볍지 않은 그 신의 무게가 전혀 무겁지 않게 느껴졌던 마지막 구간은 어쩌면, 짚신이나 맨발의 죽음이 불러다 준 더 할 수 없이 처절한 깊은 무게감 때문이었을 것이다. 아직은 봄이 저만치에 머물러 있는 계절 속 순례길에서 내가 얻은 건, 수도복을 닮은 검은 봉헌복을 통해서도 환치시킬 수 없었던 아픔을 기억해 낸다 해도 이제는 견딜 수 있을지 모른다는 전조 같은 게 아니었을까.

내 등산화가 진달래색인 것 또한 짚신과 맨발의 그

들이 그렇게 죽어가면서도 눈에 담았을 그 산의 진달래와도 무관하지 않을 거라는 생각이 들자, 완주 도장을 받은 후 드디어 힘겨움에서 놓여난 발걸음으로 돌아서다가 마주친 젊은 친구의 목소리가 떠올랐다. "끝까지 걸으셨군요. 한데 순례의 길 어디선가 진달래를 만나지는 않으셨나요." 그는 사흘 동안 차를 몰고 구간마다 뒤따르며 힘이 드시면 제 차에 타세요, 다음 목적지까지 모셔다드릴게요 했던 안내자 중 하나였다.

그 물음처럼 어쩌면 어느 구간쯤에서 분명 봉오리 진 진달래를 보고 지나치지는 않았을까. 그건 결국 마지막 구간인 '사랑의 길'의 다른 이름. 결코 만만치 않은 일정 속에서 군데군데 눈에 띄며 가는 방향을 일러준 '그대 어디로 가는가.'라는 이정표처럼, 남아 있는 날들에 대한 길라잡이인지도 알 수 없었다.

이 생소한 도시에서의 안착을 도와준 건 느티나무 언덕길 위의 성당 안에 머무는 그분이 보내준 한 존재는 아니었을까. 처음에 어떤 이유로 들게 됐든 들면서 예전의 기억을 잃었든 말았든, 한 대에서 여러 송이가 피어난 모양새를 지닌 그 이국의 해바라기로 형상화되어온 이 도시가 내게 지상에서 가장 안도감을 안겨주는 거처인 것만은 틀림없는 사실이었다.

마리아라흐 해바라기

마리아라흐 해바라기

 '아, 여기였구나. 여기서 나는 아주 가까운 누군가를 마지막으로 떠나보냈구나. 이곳에 와야 한다는 걸 알게 된 어제저녁부터 가슴 속에 파문이 인 건 그래서였구나.' 장례 미사 시간보다 조금 일찍 들어선 병원 예식실 안에서는 미사를 주례할 신부와 수사가 오가며 준비를 하고 있었다. 제대 위에 성작과 성반을 올려놓던 그분들과 눈인사를 하기도 전에 눈물이 핑 돌게 만든 건 앞 벽면에 걸린 십자가 휘장이었을까.

 검은 바탕에 하얗고 커다란 십자가가 그려진 큼지막한 휘장 두 개가 그곳이 어두운 분위기의 장소임을 여실히 드러내고 있었다. 의아한 건 그 십자가를 본 기억은 전혀 없는데, 그곳에서 누군가를 떠나보냈다는 기억은 그리도 빠르게 떠올랐다는 사실이었다. 그리고 그러자마자 흐르기 시작한 눈물은 그 장례 미사 내내 마치 내가 떠나보내는 가족이 되기라도 한 양 그치지 않고 흘러내렸다는 거였다.

한 수도회의 정신을 따르기로 해서 만들어진 봉헌회의 회원들이 한 회원의 아버지 장례 미사에 참여하기 위해 모인 자리인데, 같은 회원의 자격으로 온 내가 그렇게 눈물을 흘리는 모습이 의아할 거라는 생각이 들어 맨 뒷자리 구석에 앉아 있기로 했다. 관이 들어오고 관 앞에 영정 사진이 놓인 후 미사가 시작되자, 눈앞에 보이는 장면 위로 내 기억 속의 장면이 떠오르며 어느새 하나가 되기 시작했다.

검은 한복을 입은 내가 검은 양복을 입은 한 청년과 나란히 맨 앞에 앉아 있고, 뒤에서는 그 장례 미사와는 전혀 상관없는 눈빛을 한 남자들의 무리가 지켜보고 있었다. 장례 기간 내내 술 한 잔 부어놓지 못 하게 기도니 뭐니 하면서 꽃만 놓게 만들더니 마지막 의식까지 이런 식으로 한다는 웅성거림이 돌팔매처럼 날아오는 분위기였다. 그들은 문중의 재산을 관리해온 그 장례 미사의 주인공이 빨리 태워져 한 줌 재로 안장된 후 모든 문중 문서를 받아내려는 기대에 부풀어 그 자리를 지키고 앉은 사람들 같았다.

 그들이 장례 동안 어떤 소리도 할 수 없었던 건 빈소의 맨 앞자리를 차지한 화환 속 리본의 '누구 신부'라는 글씨 때문인지도 모를 일이었다. 게다가 로만 칼라를 한 그 주인공이 직접 문상을 오고 수녀들까지 다녀가자 그 기세에 눌려, 검은 상복 차림의 나를 꺾을 엄두를 내지 못하는 꼴이 되었을 것이다. 장례 절차를 주관한 상조의 장례지도사 또한 어쨌든 유가족이 원하는 분위기를 따라야 한다는 강한 의지를 가지고 도왔기에 그 장례 미사가 가능했다는 사실 또한 점차 되살아나고 있었다.

 마지막으로 눈을 감은 병원의 원목 신부가 주례했던 그 미사의 장면과 수도원 봉헌회 책임 신부가 주례하는 미사의 장면이 눈물 속에 오가는 동안 마치 예전의 기억 속 시간이 눈앞의 시간으로 환치되고 있는 느낌이었다. 한데 가슴 깊이 패인 상흔이고 남았을 그 기억들을 이곳에 발을 들여놓기 전까지 나는 왜 까맣게 잊고 있었던 것일까. 어쩌면 그동안 잊고 지낸 게 아니라 너무 아픈 탓에 꺼내면 감당할 수가 없을 것 같아 묻어 두었던 건 아닐까.

지금 나의 거처가 있는 시계꽃 도시, 그곳으로 향하는 전철을 타고 낯선 역에서 내린 후 잃어버린 기억들. 짙은 안개 속에 머물러 있는 그 시간들을 되돌리고 싶다는 소망으로 시계꽃을 찾았으나 종내는 찾을 수 없었던 도시. 그곳에서 떨어진 실내 정원에서 드디어 만난 시계꽃은 그 시간을 되돌리기엔 너무나 여린 바늘을 가지고 있다는 걸 인식한 후, 어디에도 마음 둘 곳 없어 저연했던 날들 또한 차츰 선명해졌다.

미사가 끝나고 나서 촛불을 든 유족들이 관 주위에 둘러서고 신부가 성수를 뿌리는 의식이 시작되기 직전에 결국 눈물로 얼룩진 얼굴을 감추기 위해 서둘러 그곳을 빠져나오고 말았다. 그곳에서 누군가를 보냈다는 기억은 되살렸으나, 그게 누구였는지 내 옆에 서 있던 청년이 누구였는지는 아직도 분명하게 짚어낼 수가 없었다. 다만 그 청년의 등을 두드리며, 이제 내가 해줄 수 있는 건 너의 자유로움뿐이다 했던 울음 섞인 목소리는 메아리처럼 가슴에서 울리고 있었다.

하지만 그런 우리의 모습을 개떼처럼 모여앉아서 그 시간이 끝나면 나누어 먹을 먹잇감을 기다리는 형상을 하고 있던 남자들의 소름 끼치는 눈빛만은 그대로 살아나, 내가 왜 오래 살았던 곳을 떠나 지금의 도시로 도망치듯이 내려왔는지를 어느 정도 가늠케 해주었다. 게다가 전철을 세 번씩이나 갈아타며 무거운 발걸음으로 그 예식실에 들어섰던 탓인지 얼마 전부터 시작된 허리의 통증이 부쩍 심해지는 느낌이었다.

서둘러 가면 내가 다니는 병원이 문을 닫기 전에 닿을 수 있겠다는 생각을 하며 걸음을 재촉하노라니, 새로 정착한 그 도시가 내게 주는 안도감이 또 한 송이의 해바라기로 피어나는 것 같았다. 시계꽃 도시, 그곳에서의 생활이 어느 정도 뿌리를 내리게 되었다고 여겼을 때 떠난 수도원 봉헌회의 독일 순례길. 그 일정의 첫날 방문했던 수도원인 마리아라흐는 라흐 호숫가의 마리아라는 의미를 지니고 있었다.

그 수도원 성당에 들어서자마자 가장 먼저 눈에 들어오는 건 앞면의 모자이크 장식이었다. 왼손에 복음서를 펴든 예수의 형상이었는데 그 밑에 수도승들이 모여 그분을 찬양하며 세상의 평화를 위해 시간 전례에 따라 기도를 드린다고 했다. 하지만 그보다 먼저 내 눈에 들어온 건 입구에 있는 성모상 앞에 바쳐진 해바라기였다. 큰 기둥의 중간쯤에 등을 대고 서 있는 성모는 왕관을 쓰고 아기 예수를 안은 하얀 모습이었다.

바로 그 앞에 여태껏 내가 본 적이 없는 크고 탐스러운 해바라기 한 대가 길고 검은 도자기 꽃병에 꽂혀 있었다. 굵은 한줄기에서 여러 갈래로 뻗어나간 가는 줄기마다 노란 꽃잎의 꽃송이가 하나씩 달려 무리를 이룬 모양새였다. 열대여섯 송이는 되어 보이는 꽃이 진녹색의 이파리와 더불어 굵은 한 대에서 시작되어 피었다는 게 믿어지지 않을 정도였다. 그렇다고 어느 한 송이 시들어 보이는 것도 없었다.

한 대에서 보통 한 송이가 피어난 해바라기만을 보아온 내 눈에는 국화과의 한해살이 초본 식물인 해바라기가 한 줄기에서 또다시 여러 줄기를 내어, 그 큰 꽃송이를 여럿 달고 관목 식물 못지않은 모양새를 갖추고 있다는 게 놀라웠다. 문득 라흐 호숫가 이곳에서만 가능한 모양새는 아닐까 하는 생각마저 들었다. 그리고 순례 첫날 만난 그 해바라기는 열흘이 넘는 일정이 계속되는 동안에도 가장 강하고 깊은 인상으로 남아, 내가 사는 도시에서의 의미로까지 이어져 온 거였다.

낯선 곳으로의 이주는 단순한 이삿짐의 이동만은 결코 아니었다. 지금까지 내가 살던 곳과는 아주 다른 생활환경으로 옮겨가야 한다는 강박감에 휴지 같은 것까지 사서 싣고 온 터였지만, 그런 부분은 오히려 빨리 적응이 됐다. 아파트 옆 상가에 작은 슈퍼마켓이 있었고 조금 걸어가면 좀 더 큰 슈퍼마켓과 빵집이, 그리고 한 삼십 분 걸어서 나가면 중심가 끝에 아주 규모가 큰 마트가 자리하고 있었다.

일 층 식품매장을 돌아보고 이삼 층으로 올라가면 생활용품과 의류매장 등이 있어 나로서는 처음 접해보는 새로운 분위기였다. 먼저 살던 곳에서는 따로 찾아다녀야 했던 상점들이 그렇게 한 건물 안에 모여 있다는 사실이 얼마나 편하게 여겨지는지 몰랐다. 이곳은 마치 하나의 소도시 같구나. 이곳에만 들르면 사는 데 필요한 모든 게 다 해결되겠구나.

사실 이유를 정확히 알 수 없는 서글픔이 밀려올 때 그곳은 차라리 느티나무가 양쪽으로 늘어선 언덕길을 올라가 닿는 성당보다 더 위안이 되곤 했다. 미사가 없는 텅 빈 성당 안에 혼자 앉아 있노라면 우울은 오히려 더 깊어졌고, 묵주를 돌리며 기도를 하다가는 눈물을 흘리거나 졸거나 둘 중 하나였다. 물론 십자가가 걸린 앞쪽 벽면 전체가 스테인드글라스로 되어 있어, 바람이 불고 비가 내리고 눈이 날리는 풍경이 한눈에 들어오는 그 성당의 아름다움을 자랑삼게 된 이 도시에서의 한 부분이기는 했다.

그러나 대형마트에 들어서서 일반 상점과는 달리 그

많은 물건을 보고 만져보는 동안에도 누구 하나 말을 걸지 않는다는 데서 오는 편안함을 즐기다 보면, 성당 안에서보다 가라앉은 기분이 훨씬 빨리 나아지는 건 사실이었다. 그러다 자질구레한 것을 한 가지라도 고르고 먹을 것을 사 들고 다시 공원을 가로지르는 길을 따라 돌아오노라면, 나갈 때 안았던 처진 기분이 한결 생기를 되찾았음을 느끼곤 했다.

그리고 이 도시에 들면서부터 가장 빨리 해결해야 한다고 여긴 건 또 있었다. 언제부턴가 지병으로 다가와 반드시 약을 먹어야만 하는 데서 오는 불안감, 그걸 완화시켜주기 위해서 정기적으로 찾아야 하는 병원. 전에 다니던 병원에서 받아온 처방전을 들고 새로 다녀야 할 병원을 찾아내는 건 결코 쉽지 않은 일이었다. 처음에는 어찌할 바를 몰라 도시의 중심가에 서서 간판을 살피는 게 하루의 일과가 될 정도였다.

간판이 잘 정돈된 도시로 선정까지 되었다는 곳이라 어지럽지는 않았지만 같은 종류의 간판이 여럿이라 도무지 어디로 정해야 할지 갈피를 잡을 수가 없었다. 거기다 삭발인 상태에서 제멋대로 자라나기 시작한 머리를 다듬을 곳도 찾아야 했다. 그렇다고 영 익숙하지 않은 단독 주택의 대문 역할을 하는 옆집 현관문을 두드려 물을 수도 없는 노릇이었다. 가운데 분수가 있어 가끔 물이 솟구쳐 오르기도 하는 중심가의 긴 길 가운데서 그렇게 내게 필요한 생활의 장소를 물색하고 있던 어느 저녁 무렵이었을 것이다.

아주 늦은 오후의 시간이 막 지나는가 싶더니 금세 간판의 불이 하나둘씩 커지며 낮에 본 것과는 전혀 다른 분위기기로 바뀌는 거였다. 그러자 갑자기 더욱더 낯선 도시의 장면 속에 들어와 있는 듯한 느낌이 들어 당황스러웠다. 어두워진 터라 가로등이 켜진 공원길을 걸어 집으로 향하는 것도 무리일 듯해서 앞쪽 계단을 걸어 올라가면 연결되는 전철역 쪽으로 향할 때였다. 그곳에서 한 정거장만 가면 내가 사는 아파트가 나온다는 건 익힌 뒤였으므로 안도감 있는 발걸음을 옮기다가 한 청년과 부딪혔다.

그는 전철역에서 나와 중심가 쪽으로 내려가는 계단

끝에 서서 어디로 가야 할지를 찾고 있는 것 같은 눈빛이었다. 미안하다는 말을 하고 지나치려는데 뜬금없이 말을 걸어왔다. "이 저녁 풍경이 꼭 어느 만화 영화에 나오는 밤의 도시를 연상시키지 않나요." 그의 입에서 나온 말을 듣는 순간, 바로 그 느낌이구나 싶었다. "중심가 가운데 서서 양쪽 건물들을 올려다보는 모습을 한두 번 뵌 적이 있는데, 무얼 찾고 계시는 건 아닌지요."

처음 본 사람이라는 것도 잊고 내가 줄줄이 이유를 대자, 그는 이쪽보다는 저 위쪽 아파트 상가에 있는 곳이 훨씬 다니기가 수월할 거에요 하고 일러 주었다. 그래서 처음 가게 된 병원의 의사는 혈압약을 받으러 한 달에 한 번 가면 마음 상태도 함께 물어주곤 했다. 그러다가 글이 내 삶의 표현 방식이라는 걸 알게 되면서부터는, 짧은 진료 시간 중에도 자기도 글을 쓰고 싶었으나 부모님 뜻에 따라 의사가 됐노라고 자기 얘기를 할 정도로 친숙해졌다.

위층에 있는 병원의 의사는 같은 성당에 다닌다는

걸 알고 나서는 마치 친척이라도 대하듯 편하게 대해주었다. 한 번은 가끔 가다 통증을 몰고 오는 허리 때문에 갔더니 두 번 주사를 놓아주고는 운동 자세를 일러주며 그것으로 다스려 보라고 했다. 다른 이들에게 듣기로는 무조건 세 번은 주사를 맞으라고 한다던데요 했더니 웃기만 하는 거였다. 내 나름대로 헤아린 그 이유가 고마워서 전에 낸 책으로 인사를 할 정도가 됐다.

그건 벌써 백내장기가 오기 시작해서 다니게 된 병원의 의사 역시 마찬가지였다. 대기실에 있노라면 먼저 환자에게 해주는 그 자상한 설명에 잔잔한 감동이 일곤 했다. 눈을 가급적 피로하게 하지 말라는 말에 글자와 씨름하는 게 일이라고 털어놓게 됐고, 그 후로는 내가 들어가면 "우리 작가님 오셨네." 하고 반겨주는 덕에 병원에 왔다는 걸 잊을 수 있었다. 게다가 어느 날부터는 진료비를 받지 않는 바람에 처방된 약을 사는 약국에서 비타민 음료로 대신하게 됐다. 받아드는 간호사도 두 분 중 한 분이 멈추어야 할 텐데 하며 웃었다.

그리고 무엇보다 다행인 장소는 미용실이었다. 처음

이 도시로 들어올 때는 모자로 가릴 수 있었던 머리 상태가 계절이 바뀌면서 어떻게든 손질을 해야 했다. 제멋대로 자라 덥수룩해진 모양새를 보고 의아했을 텐데, 처음 대한 미용사는 아무런 말도 하지 않았다. 원장인데도 도무지 티를 내지 않아 전혀 눈치채지 못했던 그녀는 조금만 더 자라면 자리를 잡겠네요 하며 다듬어줬을 뿐이었다. 그 사려 깊음에 반해서 차츰 벗이 되어갔다.

"그때는 왜 묻지 않았어요." "무슨 사연이 있으시겠구나 했어요. 더 심하게 머리를 망쳐가지고 오시는 분들도 있거든요. 먼저 입을 열면 들어 드리고, 안 그러면 모르는 척해요. 내가 머리를 만져드려서 위안이 되면 좋겠다는 마음을 가질 뿐이지요." 가끔 이곳이 마음을 다독여주는 병원 역할도 한다고 여겨질 때가 있다고 말해주면 참 기쁘게 웃곤 했다. 그러면서 하나둘 숫자가 늘어간 일상의 장소들 덕분에 이곳이 나를 얼마나 안도감 있는 시간 속에 머물게 하는지를 실감하게 되는 날들이 이어졌다.

거기다 우체국도 은행도 시청도 중간 규모의 종합 병원까지 다 걸어서 갈 수 있는 거리에 있어서 더할 수 없이 편했다. 언제 누구에게서 들었는지는 정확히 기억나지 않으나, 처음부터 계획된 몇몇 안 되는 도시라 모든 걸 걸어서 해결할 수 있도록 설계가 되었다는 말에 공감이 갔다. 내가 이곳에 머물게 된 건 애초에 기대했던 대로 시간을 예전으로 되돌리고 싶은 바람에서가 아니라, 새로운 시간을 담을 시계꽃을 찾기 위해서가 아닐까. 어쩌면 나 자신도 예상하지 못했던 마지막 행운일지 모른다는 생각까지 드는 거였다.

그 순례의 첫날 마주했던 마리아라흐 수도원의 해바라기가 하나의 상징이 되어온 건, 나를 안도감 속에 머물게 하는 이 도시의 병원들과 미용실과 대형 마트가 각각 한 송이씩의 해바라기가 되어 한 줄기에서 피어나 있던 그 형상을 닮았다는 생각에서였다. 이제는 내가 이 도시에서 지낸 시간 또한 짧지 않아서 변화가 오기도 하지만 그렇다고 그런 인상이 달라지는 건 아니었다. 오히려 혼자 필요한 장소를 찾아낼 만큼 익숙해져서 더없이 편했다.

진료 시간에 글 이야기를 하던 의사가 병원을 접고 학회일을 맡아 떠나면서 일러준 병원에는 간호사가 여러 명 있어 되도록이면 빠르게 진료를 받을 수 있도록 배려를 해주곤 했다. 의사 역시, 나이가 들면 다 올 수 있는 증상이니 너무 무겁게 받아들여 우울해하지 말라는 말로 날이 갈수록 쇠락해져 가는 몸에 붙들려 있지 않게 해줘서 얼마나 고마운지 몰랐다.

누군가를 보낸 기억을 떠올리며 눈물을 흘린 그 장례 미사에서 돌아오던 저녁에, 문을 닫기 전에 들른 병원에서 "또 무리를 하셨군요. 잘 달래며 사는 게 상책이라니까요." 하는 의사의 말과 함께 처방받은 약을 약국에서 지어 가지고 나오다가 가끔 가는 꽃집에 들렀다. 들어가자마자 눈에 띈 해바라기를 보고 반색을 하니 꽃집 주인은 처음 나와서 가져왔다며 역시 알아보시네요 라는 말로 반겨주었다. 물론 한 대에서 한 송이가 피어난 작은 꽃들이었지만 그 환한 느낌은 어두워진 마음을 밝혀주고 남을 만했다.

그걸 받아 들고 가로등이 켜진 길을 걷노라니 이 도시의 병원만 오가다가 조용히 장례 미사의 주인공이 되었으면 하는 소망이 유난히 깊어지는 거였다. 이 생소한 도시에서의 안착을 도와준 건 느티나무 언덕길 위의 성당 안에 머무는 그분이 보내준 한 존재는 아니었을까. 처음에 어떤 이유로 들게 됐든 들면서 예전의 기억을 잃었든 말았든, 한 대에서 여러 송이가 피어난 모양새를 지닌 그 이국의 해바라기로 형상화되어온 이 도시가 내게 지상에서 가장 안도감을 안겨주는 거처인 것만은 틀림없는 사실이었다.

물속 삶을 향한 갈망을 품고 있으면서도 정작 그러지 못한 채 뭍에 남아 그리움만으로 이어가는, 물속에 머물다가도 수면으로 올라와 숨을 쉬어야 하는 경계선상의 안타까운 존재. 고래의 분수공이 지닌 고통을 말하던, 이제는 나오지 않는 눈물을 지녔을지 모를 그의 목소리가 이 계절에 피었을 리 없는 문주란의 하얀 꽃송이 안에서 나지막하게 들려오고 있었다.

문주란 분수공

문주란 분수공

 댐이 만들어지기 전에 있던 마을이 수몰되며 생겨났다는 레지아 호수엔 수면 위로 성당의 종탑만 솟아 있었다. 그 호숫가를 거닐다 모래 위로 난 발자국 같은 걸 발견하는 순간, 저 물속에서 누군가 햇볕을 쬐다가 돌아간 건 아닐까 하는 생각이 들었다. 그건 어쩌면 물에 잠긴 예전 삶의 흔적이 그리워 뭍에서 다녀간 이의 것일지도 모르는 일인데 말이다.

 그러는 동안 종탑 꼭대기에서 시작된 상상은 점점 물밑으로 내려가 그곳에서 있었을 결혼식 장면으로까지 이어졌다. 혼배미사가 끝나고 성당 문을 나온 신부는 축하객들이 뿌려주는 꽃잎 바람에 하얀 너울을 날리며 반려자의 팔짱을 끼고 웃었을 텐데. 그 행복한 웃음의 흔적이 아직 저 물속에 남아 있지는 않을까. 그러다 갑자기 무세오 아틀란티코 십오 미터 바닷속에 있는 한 남자와 여자의 모습을 담은 화면이 떠올랐다.

그건 해저 박물관에 설치한 여러 사람의 입상 중 하나였는데, 남자는 한 손을 들어 카메라로 여자와 자기의 얼굴을 찍는 자세를 취하고 있었다. 얇은 옷을 입은 여자는 남자의 어깨 쪽으로 몸을 기댄 채 한 손으로 자기 배를 받치고 있어 아이를 가진 듯한 모습이었다. 한데 두 사람의 얼굴은 눈과 코와 입의 형태가 없이 그냥 둥근 면으로 처리가 되어 있어 오히려 어둠을 느끼게 했다. 그 얼굴은 누구의 것이 되어도 좋다는 뜻인지, 아니면 물속에 그런 모습으로 남으며 뭍에서의 기억은 다 시워졌다는 의미인지는 헤아릴 수가 없었다.

레지아 호수에서의 그 하얀 너울이 무세오 아틀란티카 그곳으로 옮겨가 그러한 형태의 물속 삶을 이어가고 있는 건 아닐까 하는 생각이 들자, 아틀란티스의 흔적을 볼 수 있을지도 모른다는 기대감에서 시작했던 스쿠버 다이빙의 기억이 떠올랐다. 그건 가끔 들르던 수영장 한쪽에 있는 기다란 원통형 풀에서 시작된 일이었다.

수면에서 스노클을 착용한 사람이 내려왔다 올라가기도 하고, 또는 스쿠버 다이빙 장비를 착용한 사람이 내려와 머물기도 하는 장면에 빠져서 강습을 신청했다. 교육은 이 주 동안 이어졌고, 물안경의 물빼기며 장비 탈착이며 부력 조절까지 몸에 익히는 동안 이론까지 학습하고 나서 오픈 워터 자격증을 받았다. 우리 바다에서 첫 다이빙을 마친 후 운 좋게도 크루즈 다이빙을 할 기회를 얻었다. 트라이스타 호에서의 며칠은 그때까지는 체험해 보지 못한 바닷속 밀월의 시간으로 남았다.

아닐라오 해변에 도착해서 보트를 타고 저만치에 떠 있는 큰 배로 다가가자 하얀 세일러복을 입은 선원들이 나와 반겨주었다. 갑판 위로 올라가 과일 주스를 마시고 천천히 둘러본 배 안은 생각보다 넓은 편이었다. 동그란 창문으로 멀리 섬이 바라다보이는 샤워실이며 작은 화장실이 배 안에 있음을 실감 나게 했다. 거기다

제일 작은 침실을 나 혼자 쓸 수 있어 더없이 좋았다. 그럴 수 있도록 도와준 사람은 교육을 맡았던 다이빙 강사의 친구였다. 여행 일정을 짜는 동안 구석이라도 좋으니 혼자 머물게만 해달라는 말을 들은 모양이었다.

뷔페식으로 차려진 식당에서 친절한 선원들의 서비스를 받으며 저녁을 먹은 후 현지 가이드를 따라 야간 다이빙을 시작했다. 다이빙 보트를 타고 자그마한 섬 앞에 있는 포인트 지점에서 열대의 바다를 향해 뛰어들었다. 배 위에서 바라본 별빛과 달빛도 감탄을 자아냈지만 랜턴의 불빛이 가 닿는 대로 모습을 드러내는 밤바다 속 풍경은 놀랄 만큼 아름다웠다.

사슴뿔 산호와 거품 산호와 연산호와 테이블 산호들로 꽉 차 있어, 마치 산호들의 밤 향연을 보는 느낌이었다. 거기다 바나나리와 말미잘, 꽃 갯지렁이들까지 어우러진 가운데 복어와 갑오징어와 뿔나비 물고기들까지 눈에 띄었다. 처음 접한 밤바다 속에서 그토록 화려한 색채를 지닌 존재들을 만났다는 사실에 환희로 가득 찬 가슴을 안고 돌아와 벽에 붙은 침대에 누우니 잠이 오지 않았다. 이렇게 계속하다 보면 언젠가는 아틀란티스의 흔적을 만날 수 있을 거라는 소망이 좀 더 커지고 있었다.

다음날은 일어나자마자 밤에 갔던 그곳으로 다시 다이빙을 하러 갔다. 갖가지 산호며 바다나리들이 밤에 본 것만큼 현란한 빛깔을 띠고 있지는 않았다. 하지만 사슴뿔 산호 가지 사이에 촘촘히 박혀 헤엄치고 있는 손톱보다도 작은 파랑 물고기들을 만날 수 있었다. 손을 흔들어 물속 바람을 일으키자 더 안으로 쏙쏙 들어가 숨는 걸 보며, 저렇게 작은 존재들이 어떻게 안전하게 머물 수 있는 곳을 스스로 찾아내는 걸까 하는 생각이 들었다.

이 섬과 저 섬의 앞바다를 오가며 다이빙은 연일 계속됐다. 자는 동안에 배는 새로운 섬 가까이에 닿아 있곤 했다. 한 번도 빠지지를 않고 참여를 하니, 방 배정을 도와준 그 사람이 어디서 그런 힘이 나와요 하고 물을 정도였다. 아마 혼자 방을 쓸 수 있어서일 거예요 라고 대답을 하면서도, 그가 다이빙 내내 나와 가까운

거리에서 지켜봐 주었다는 것은 미처 몰랐다.

　마지막 날 오후 다이빙을 끝내고는 칵테일 한 잔을 마시며 이야기를 나누다가 머잖아 떠나야 할 배 안의 내 공간으로 돌아왔다. 연인과의 밀월여행이 끝나간다면 이보다 아쉬울까. 그러나 내가 정작 보고 싶은 건 아틀란티스 그 물속 사람들의 흔적인데, 다음 다이빙 일정 때는 그럴 수 있을까. 아틀란티스의 이야기에 그토록 매료된 건 처음 본 어린이 잡지에서였다. 글짓기 대회에서 입상을 한 선물로 받은 그 책에 '아틀란티스의 소년'이란 제목의 만화가 실려 있었는데, 그게 그토록 긴 시간에 머리에 박혀 있을 줄은 몰랐다.

　지상의 낙원이라 불리던 아틀란티스 섬이 화산 폭발로 바닷속에 가라앉아 버렸을 때, 몇몇 사람은 물고기처럼 호흡하는 능력을 지니게 되어 살아남았다. 시간이 가면서 그들은 서로 짝을 지어 아이를 낳으며 물속 도시를 건설해 갔다. 어느 날 새로 맺어진 젊은 부부 사이에서 한 사내아이가 태어났는데, 안타깝게도 그 아이는 물속에서 호흡할 능력을 지니고 있지 않았다. 젊은 부부는 위험을 느끼면서도 성급히 물 위로 떠올라, 마침 배로 여행 중이던 한 해양학자의 부인에게 말 대신 간절한 눈빛을 담아 아기를 맡기고는 돌아갔다.

말을 하지는 못해도 자식이 없던 그 부부의 사랑을 받으며 자라난 아이는 어느덧 소년이 됐다. 한데 어느 날부턴가 양쪽 다리에서 지느러미가 생겨나기 시작했다. 그 희귀한 사실을 알게 된 해양학자는 학술 발표대회에서 새로운 연구 결과로 보고할 작정으로 소년을 큼지막한 수조에 가두어 버렸다. 갑자기 바뀌어버린 자신의 모습과 처지를 받아들이지 못한 채 괴로워하던 그 소년이 해양학자의 부인에게 눈빛으로 하는 말은 몹시 슬픈 거였다.

'엄마, 울고 싶은데 눈물이 안 나요. 물속에서는 눈물을 흘릴 수 없는 건가요.' 바다에서 얻은 아들을 다시금 바다로 돌려주기로 결심한 그 부인의 노력으로, 소년은 자기가 태어난 곳인 아틀란티스로 돌아가게 됐다는 내용이었다. 그 이야기가 그토록 강한 인상을 남겼는지 꿈속에서 가끔 물속을 헤엄치며 해초와 물고기 사이를 오가는 건 잊을 만하면 반복이 됐다. 어떨 때는 정말 물속 사람들의 흔적을 발견하며 환호하기도 했다.

다이빙을 배우면서는 어떤 장비를 착용하지 않아도 되는 꿈속 유영에 놀랄 때도 있었다. 자유롭게 호흡을 하며 다니다가도 갑자기 내가 물속 존재가 아니라는 인식이 들면 급히 수면으로 올라와 가쁜 숨을 내쉬곤 했다. 그래서 어느 해양 박물관에서 구한 은빛 인어의 상은 항상 '거꾸로 인어 공주'가 되고 싶은 내 꿈의 상징이기도 했다.

왜 스쿠버 다이빙을 배우려고 하느냐는 강사의 말에 '아틀란티스'에 가보고 싶어서요라고 했던 내 대답을, 친구인 그 사람도 들었다는 걸 안 건 다음 일정이 잡혔을 때였다. 사무실에 조금 일찍 도착하니 그가 혼자 수중 카메라를 만지고 있었다. 이젠 수중 사진도 찍으실 건가요 하는 내 물음에, 자주 나가는 편이니 아틀란티스의 흔적을 발견하면 찍어다 드리지요 하며 웃었다. 짧은 그 대화가 소통의 손짓이 되어 다음 다이빙 때부터는 짝으로 움직일 수 있었다. 위험 상황에 대비해 반드시 짝과 함께 입수해야만 하는 게 원칙이었다.

역시 열대 바다에서 이루어진 다이빙의 이틀째가 되는 날이었다. 눈이 커질 만큼 신기한 다른 종류들과는 달리, 애초부터 성게만은 두려움을 안겨주는 존재였다. 가시의 길이가 삼십 센티는 되어 보이는 데다가 파란 점이 눈알처럼 빛나고 있어서 상당히 위협적이었다. 그런 것이 한두 개씩 따로 있기도 하고, 대여섯 개씩 또는 열댓 개씩 무더기 지어서 가시를 서로 엇갈리며 움직이고 있기도 했다. 내 눈에는 그 모양새가 마치 외계인이 타고 온 작은 우주선처럼 보여서 두려웠다.

그래서 반복되는 다이빙 때마다 신경을 곤두세우곤 했는데, 그날 야간 다이빙에서는 그럴 겨를이 없었다. 짝인 그가 접사 촬영을 하면서 찍는 대상물을 랜턴으로 비춰달라고 했기 때문이었다. 낮 다이빙에서 광각 촬영을 할 때도 어설픈 몸짓으로 모델 노릇을 해줬는데, 밤에까지 시키는 대로 하려니 감당하기가 수월치는 않았다. 앞서가던 그가 무엇을 발견했는지 오라는 손짓을 한 건 입수하고 얼마가 지나서였다.

빠르게 오리발을 차며 다가가니 산호 가지 사이에서 자고 있는 몸 빛깔이 앵무새처럼 화려한 고기가 눈에 들어왔다. 주둥이 주변에는 자기를 보호하기 위한 그물막이 둘러쳐져 있었다. 하라는 대로 랜턴을 바로 비춰주기 위해 몸을 낮추다가 그만 중심을 못 잡고 랜턴을 들지 않은 손으로 바닥을 짚어버렸다. 그 순간 무언가 뭉클한 게 만져지기에 낮에 본 독성 강하다는 바다뱀인 줄 알고 기겁을 하며 손을 떼다가 몸이 기우뚱하는 바람에 다시 그 옆을 짚었다. 그러자 금세 손가락 하나에서 따끔따끔한 통증이 오기 시작했다.

성게의 기다란 가시가 부러지며 얇은 장갑을 뚫고 들어와 살 속에 박힌 게 분명했다. '성게 가시는 한 번 박히면 살 속으로 계속 파고 들어가니까 아주 조심해야 해요, 부러진 부분이 화살촉처럼 생겨서 파내려고 하면 점점 더 깊이 들어가거든요.' 강사가 주의를 주던 말이 떠올라서 통증보다 앞서는 건 불안감이었다. 게다가 다이빙 잡지에서 어느 외국인이 성게 가시에 찔린 손가락을 대수롭지 않게 여겼다가 관절까지 손상이 되는 바람에 잘라낼 수밖에 없었다는 기사를 읽은 터라 불안감이 더 심해졌다.

엎친 데 덮친 격이라더니 몸을 뒤로 빼며 움찔하는데 오른쪽 다리가 또 뭔가에 닿는 거였다. 그와 동시에 느껴지는 건 무릎 옆쪽에서부터 종아리와 발목에 이르기까지 골고루 퍼져서 아우성을 치는 따끔거림이었다. 얇은 두께의 슈트를 입었는데도 맨살이 찔린 것처럼 아파오기 시작했다. 어떻게 해야 좋을지를 몰라 몸을 곧추세우고 다리를 구부린 채로 떠 있었다. 그런데도 앵무 고기를 찍기에만 열중이던 짝은 전혀 알아채지를 못했다.

하기야 주변은 캄캄하고 호흡기를 문 입으로는 비명을 지를 수도 없었으니 그러는 것도 무리는 아니었다. 내가 비추는 랜턴의 불빛이 흔들리는 것도 눈치를 못 챈 모양이었다. 그래서 랜턴을 아예 꺼버리고 그와 가이드의 불빛이 움직이는 대로 좀 떨어져서 따라갔다. 그들이 내 랜턴의 불빛이 안 보인다는 걸 알아챈 건 한참이 지나서였다. 갑자기 두 사람의 불빛이 흔들리기 시작하더니만 원을 그려가며 사방을 비추다가 나를 발견하고는 선 자세로 떠 있는 걸 보고 심상치 않음을 알아챘는지 양쪽에서 팔을 잡고 천천히 떠올랐다.

수면에서 기다리고 있던 다이빙 보트를 타고 숙소로 돌아와 장갑과 슈트를 벗어 보니, 예상했던 대로 부러진 성게의 가시가 밤송이에라도 찔린 듯 거뭇거뭇하게 박혀 있었다. 슈트 안에 입었던 수영복 차림이라 옷이라도 갈아입겠다고 하자, 가이드는 그럴 때가 아니라고 빨리 응급처치를 해야 한다고 야단을 했다. 더운물로 씻어내고 구급상자를 가져다가 소독을 하고 약을 바르는 동안 그는 미안하다는 말도 안 나오는지 지켜만 보고 있었다.

내 방에 돌아와 누우니 따끔거리는 것은 덜했지만 발라둔 약 때문에 화끈거려서 잠을 이루기가 힘들었다. 다음날 증상이 더해지면 병원에 가기로 했으나 다행히 심해지지는 않았고, 닷새 일정을 마치고 돌아와서도 거뭇거뭇한 채로 남아 있더니 차츰 희미해져 가며 더는 말썽을 부리지 않았다. 그에게서 연락이 온 건 그 후로

한 달이 지났을 무렵이었다. 굳이 다이빙 사무실이 아닌 근처의 카페에서 만나자고 하더니 수중 사진 한 장을 내밀었다.

갯민달팽이라고도 하는 누디브랜치의 진분홍빛 알을 찍은 거였다. 장미꽃하고 똑같지요. 꽃잎과 빛깔이 바닷속 장미라고 해도 될 정도예요. 다음엔 꼭 아틀란티스의 흔적을 찾아내 찍어다 드리지요. 미안함의 표시라고 받아들이며 커피잔을 들던 내 눈에 들어온 건 창턱에 놓인 화분에서 핀 문주란꽃이었다. 두툼한 초록 이파리 위로 올라온 꽃대가 여러 가닥으로 나누어져서 각각 하얗고 가느다란 꽃잎을 펼쳐 둥글게 말며 어우러진 생김새가 꼭 위로 물을 뿜어 올렸다가 반원을 그리며 떨어지는 분수의 물줄기를 연상시켰다.

"저 꽃의 모양새가 고래가 수면에 올라와 숨을 쉴 때 만들어지는 분수공을 닮았다는 느낌 안 드시나요. 고래는 참 행복하겠어요. 물속을 마음껏 유영하다가 잠깐 물 위로 올라와 호흡을 하고 다시 돌아갈 수 있으니 말이에요." "그게 정녕 행복한 걸까요. 물속에 있다가도 호흡은 수면으로 떠올라 해야 하니 완전한 물속 존재라고도 할 수 없지 않나요."

그가 내 말에 그토록 정색을 하고 답을 하리라는 건 미처 예상치 못한 일이었다. 이어지는 말에서는 오랫동안 지녀온 생각의 결연함마저 느껴졌다. "우리나라 남단에 문주란 자생지로 불리는 작은 섬이 있는데, 나는 그곳에서 피어나는 숱한 문주란꽃들이 숨을 쉬러 수면으로 올라왔다가 이내 바닷속으로 돌아가지 못한 고래들의 분수공, 그 화신으로 여겨져서 오히려 고통을 느끼곤 해요. 경계선상에 머무는 존재의 비애라고나 할까요."

그 말속에서 다가오던 불안한 예감이 그대로 현실이 되어온 것은 몇 달이 지나고서였다. 바닷속에서 전봇대처럼 솟아오른 형상을 한 아주 작은 열대의 섬에서 그가 사라져 버렸다는 소식이 바람처럼 전해져왔다. 오후 다이빙을 마치고 모두 음료수를 마시며 쉬고 있는데, 다이빙 장비도 갖추지 않은 그가 카메라를 들고 얕은 산호초를 지나 직벽으로 떨어지는 수심 깊은 쪽으로 헤엄쳐가는 걸 누군가 본 듯하다는 추측이 전부였다.

  그 소식을 받아 안은 나는 한동안 그 어떤 일상도 이어가기가 힘들었다. 그러다 내린 결정이 다이빙을 통해 아틀란티스의 흔적을 보고 싶다는 소망을 접고 이제는 장비를 치워야겠다는 거였다. 애인 같은 존재도 아니었으면서 왜 굳이 이래야 하는 걸까 하는 회의가 들기도 했지만, 더는 그와 함께가 아닌 다이빙을 할 자신이 없어서였다. 그가 사라져버렸다는 그곳에서 만일 내게 손을 내밀어 온전한 물속 존재로의 동행을 원했다면 따를 수 있었을까.

  무세오 아틀란티카의 남자와 여자 모습을 대하는 순간, 꽤 긴 시간 기억 속에 묻어 두었던 그가 떠오른 건 뜻밖이었다. 그 사람은 그 짙은 청빛 물속으로 다이빙 장비 없이도 숨을 쉴 수 있는지 확인하러 내려간 것이었을까. 그리고 어느 바닷속에서 한 사람을 만나 아이까지 가지게 된 모습을 저렇게 사진으로 남기려 하는 것일까.

레지아 호수의 종탑만 남은 성당, 물속 신부의 하얀 너울이 바닷속 조각상에게로까지 이어져 불러온 상상이 아틀란티스를 그토록 그렸던 내게로 방향을 돌린 건 아픈 자각이었다. 물속 삶을 향한 갈망을 품고 있으면서도 정작 그러지 못한 채 뭍에 남아 그리움만으로 이어가는, 물속에 머물다가도 수면으로 올라와 숨을 쉬어야 하는 경계선상의 안타까운 존재. 고래의 분수공이 지닌 고통을 말하던, 이제는 나오지 않는 눈물을 지녔을지 모를 그의 목소리가 이 계절에 피었을 리 없는 문주란의 하얀 꽃송이 안에서 나지막하게 들려오고 있었다.

바삭거리는 장미 꽃잎을 주머니에서 꺼내 털어내듯이 그 분수의 물을 향해 날리는 순간, 눈앞에 나타난 건 오래 묵은 나무의 먼지를 내며 한 귀퉁이부터 무너져 내리고 있는 내 글에 담긴 선묘 낭자의 비각이었다. 낭자의 화상 속으로 들어가 함께 머물도록 했던 실비아라는 여자 또한 그 형체를 서서히 잃어가는 거였다. 그리고 그건 그녀들에게 나의 어리석은 소망을 이입시켜 놓고, 그 답답함의 까닭조차 알아내지 못했던 내가 '수비아코 장미'라고 이름 붙인 순례기의 한 꼭지에서 아주 풀려나는 순간이기도 했다.

보이에른 장미

보이예른 장미

가슴 깊은 우물에서 올라와 어깨를 들썩이게 될 만큼의 흐느낌이 왜 그 먼 곳 수도원에서 기어이 시작되고야 만 것일까. 입에 손을 대고 멈추려고 하면 할수록 줄줄이 흘러내리는 눈물 때문에 앞이 자꾸만 흐려져서 걸음을 옮기기가 어려울 정도였다. 그건 수도원에 딸린 소성당에서 함께한 이들과 미사를 드리고 난 후부터였다.

수도자는 아니나 한 수도원의 규칙을 따라 살기로 마음먹은 사람들이 지도 신부와 담임 수사를 따라 떠난 순례길이었다. 그 수도회를 세운 분의 오른팔 유해가 모셔져 있는 수도원의 소성당에서 드리는 미사라 처음부터 예사롭지 않은 분위기였다. 미사가 끝난 후 한 사람씩 나가서 단에 모셔진 그 유해 앞에 무릎을 꿇으며 고개를 숙이는 시간이었다. 맨 뒤에 서 있던 나의 가슴이 저려온다는 걸 느낀 건 바로 그 무렵이었다.

'결국 이곳에 다시 오고야 말았군요. 그때도 지금도 내가 짠 순례 일정은 아니니 의도한 건 아니었지만, 이렇게 또 마주하게 된 데는 까닭이 있겠지요. 처음 왔다가 돌아가서 역시 내 의도가 아닌데도 순례기에 이곳을 담은 뒤로 내내 힘이 들었으니까요. 아니, 그때는 아름다운 답을 찾았다고 여겼던 기쁨이 차츰 빛을 잃어가는 게 서글펐다는 편이 맞겠네요.'

전에 왔을 때는 팔꿈치에서 팔목까지로 여겨지는 부분이 길쭉한 성해함에 모셔져 금색 꽃가지 모양으로 가려진 걸 제대로 볼 수 있었다. 그 둘레에 녹색과 자주색과 보라색 보석들이 줄지어 박혀 있고, 그 윗부분에 완전히 퍼지지 않은 형태로 만들어진 오른손이 올려놓아져 있는 것 또한 정확히 마주하며 무릎을 꿇었다. 한데 이번에는 흐르는 눈물 때문에 내가 그 앞에 있다는 것 외에는 아무것도 인식할 수가 없었다.

'온 마음으로 흠모하며 따를 수 있는 단 한 사람을 만날 수 있다면, 내 이름을 굳이 붙들고 있지 않아도 좋다고 여겨온 오랜 소망. 당신을 찾아 떠나온 순례길을 통해 그걸 이룰 수 있을지도 모른다고 여겼던 그때는 모든 게 오롯이 마음에 와닿는 믿음의 시간이었지요. 돌아가서 지도 신부의 권유로 순례기를 쓸 수 있었던 것도 그 연장선에 있어서였을 거예요.'

한데 도무지 알 수 없는 일이었다. 열흘 만에 써낸 원고에 담임 수사가 공들여 찍은 사진까지 더해서 놀라울 만큼 수려한 책으로 묶여져 나왔는데도 생각보다 기쁘지 않았다. 원고를 써낼 때의 빛나는 기쁨은 이미 빛을 잃어가고 있다는 느낌이 더 컸다. 게다가 그동안 순례기 쓰는 걸 금기로 여겨왔는데 억지로 만들어낸 감동일지 모른다는 회의마저 들었다.

그건 애초에 내가 그 순례길을 따라나선 이유가 천오백 년 전 성인의 흔적을 직접 보며 느끼는 속에서 믿음을 굳게 하는 데 있지 않았기 때문일 수도 있었다.

순례를 떠나기 며칠 전에 받은 안내 책자에서, 아니 그 성인의 이야기가 담긴 책을 미리 구해 읽으면서 알게 된 '수비아코 장미'에 끌려서라고 말하는 게 아마도 가장 정확한 표현일 것이다.

이탈리아 중부의 농촌인 누르시아의 부유한 집안에서 태어난 성인이 로마로 유학을 간 건 스무 살 무렵이었다. 그가 태어난 지 얼마 안 되어 어머니는 돌아가시고, 신심 깊은 유모와 함께 떠났다. 하지만 로마의 부패상을 접하고 바로 그곳을 떠나 숨어버린 곳이 수비아코의 산속 동굴이었다. 온전히 위의 그분을 찾고자 하는 은수생활의 시작이었다.

사실 수비아코를 향할 때부터 나의 관심은 그 동굴이 아니었다. 성인이 머물렀던 그 동굴을 지나, 후에 목동들을 모아 가르쳤다는 방까지 지나고 나면 만날 수 있다는 장미의 밭. 언젠가 본 적이 있는 한 아름다운 여자에 대한 갈망으로 은수 생활을 포기하고자 할 만큼 괴로워하다가, 짧게 왔지만 견디기 힘들 정도의 강한 유혹을 떨쳐내기 위해 맨몸으로 장미 가시 위를 뒹굴었다는 절벽 끝의 그 꽃밭을 기어이 보고 싶었다.

하지만 예상과는 달리 쇠막대 울타리가 쳐진 화단에 피어있는 장미들은 가시가 많고 꽃잎이 홑겹이라 오히려 찔레꽃을 연상시키는 모양새였다. 연지색 꽃송이들은 안개비 속에서 고개를 수그리고 있었고, 그리 많이 심겨 있지도 않아서 가시 위를 뒹군 맨몸이 피투성이가 되었다는 장면을 불러오기에는 모자랐다. 눈앞의 풍경이 상상했던 것에서 빗나갈수록, 젊은 날 그 성인을 고통스럽게 만든 한 여자의 흔적을 더듬어내고자 하는 소망은 강해졌다.

"세속적으로만 흐르는 분위기에 환멸을 느낀 청년은 유모만 데리고 로마를 떠나 한적한 동네인 에피데라는 곳에 이르렀고, 순례자 숙소로 쓰이던 한 성당을 거처로 정했다. 하루는 유모가 밀을 치기 위해 이웃집에서 체를 빌려 왔는데 엎어두었던 탁자에서 떨어져 두 조각이 나버렸다. 유모가 어찌할 바를 몰라 하며 우는 것을 보고는 가여운 생각이 들어 체의 조각을 나란히 놓고 눈물을 흘리며 기도를 드렸다. 기도를 마치자 체는 말짱해졌고, 유모가 이웃집에 그것을 돌려주고 난 후로는 소문이 나버렸다.

체를 빌려준 집의 딸도 어느 결엔가 듣게 되고, 그건 이내 남모르는 연모가 되어 어떻게든 그 청년을 만나보고 싶다는 생각을 품게 만들었다. 그러면서 그의 거처 가까이에 있는 장미밭에서 향기를 맡는 척하며 서성이는 게 그녀의 일상이 되어갈 무렵이었다. 주황색 노을이 하늘을 물들여가는 어느 저녁, 드디어 생각에 잠긴 걸음걸이로 천천히 머무는 곳을 향해 오고 있는 청년과 마주칠 기회를 얻었다.

그녀는 기다렸다는 듯이 그에 딱 맞춰서 굵은 가시가 나 있는 장미의 줄기를 맨손으로 꺾었고 입술 사이로 고운 신음이 새어 나왔다. 마음 따뜻한 청년이 그냥 지나칠 리가 없었고, 다가와 걱정스러운 눈빛을 보였을 때 그녀의 손가락에서는 빨간 피가 송골송골 맺히고 있었다. 성급히 주머니에서 꺼낸 하얀 손수건으로 얼른 그녀의 손가락을 감싸자 피가 배기 시작했다. 깨끗이 빨아서 내일 이맘때 돌려드릴게요.

집으로 돌아와 손가락을 감싼 손수건을 펼쳤을 때 그녀의 눈에 들어온 건 가운데 수놓아진 파란 색의 큼지막한 장미 한 송이였다. 하필이면 그 꽃잎에 피가 스며들어 남보라색으로 변해 있었다. 그녀는 손수건의 장미에 밴 핏방울 자국이 말끔히 가시도록 빨지 않았다. 손수건에 남아 있는 자기 손가락의 피가 청년의 마음을 자기에게로 데려오는 데 힘이 되어줄지 모른다는 생각에서였다. 하지만 기대와는 달리 잘 다린 손수건을 유모를 통해 돌려줄 기회밖에는 얻을 수가 없었다.

그 뒤로 며칠을 기다려도 모습조차 볼 수 없었던 청년이 어느 날 유모도 모르게 사라져 버렸다는 말을 전해 들었을 뿐이었다. 체의 기적으로 인해 받게 된 이웃 사람들의 갑작스러운 추앙이 부담스러웠는지, 아니면 청년이 진정으로 원하는 게 세상 것이 아닌 더 높은 곳에 자리한 하늘이기 때문이었는지를 그녀로서는 헤아리기 어려웠다."

청년 시절 성인이 겪어냈다는 갈등의 대상이 혹시 내가 만들어낸 실비아라는 여자는 혹시 아니었을지. 거기다 장미 가시에 찔려 피투성이가 된 몸을, 성인을 낳고 얼마 안 있어 돌아간 어머니가 일찌감치 정성 들여 수를 놓아 유품으로 남겼을지도 모를 그 손수건으로 닦았다면 강한 유혹에서 벗어난 성인은 그것마저 장미밭에 묻고 돌아섰을지 모를 일이었다. 세상에서 벗어나 위의 그분을 향하고자 하는 열망은 어머니를 향한 애착마저도 묻어야 한다고 여기고 남았을 테니 말이다.

 그리고 나서 그녀의 손가락에서 난 핏자국이 남아 있던 손수건의 파란 꽃잎에 그의 피가 함께 묻어 스며들었고, 그걸 묻고 돌아선 흙에서는 얼마간의 시간이 흐른 후 빨간색과 파란색이 섞인 남보라색의 장미가 피어나지 않았을까. 그런 상상을 수비아코로 향하는 비에 젖은 길에서부터, 아니 순례 여정 안에 그 장미의 밭이 들어 있다는 걸 알게 된 순간부터 해온 내가 연지색 꽃송이들 사이에서 그 남보라색 장미를 찾아내는 건 어렵지 않았다.

'내 꽃잎이 지닌 색깔의 의미를 알아주는 누군가가 찾아와 주기를 기다리며, 얼마나 긴 세월 동안 홀로 피었다 지기를 반복했는지 헤아릴 수 있겠나요.' 남보라색 꽃잎을 겹겹이 달고 있는 탐스러운 장미 한 송이가 내는 목소리를 들었다고 여긴 순간 가늘게 내리던 빗줄기가 느닷없이 굵어졌고, 그 바람에 손으로 앞을 가리며 눈을 깜빡거리는 사이 장미는 홀연히 자취를 감춰버렸다는 이야기를 순례기의 한 꼭지 「수비아코 장미」에 담았다.

뜻밖인 건 그날 그 장미밭에 머물렀던 사람이 일행 중 나 혼자라는 사실이었다. 저녁을 먹으며 이야기를 나누다 보니, 그곳으로 가려고 계단을 오르는데 갑자기 비가 쏟아지는 바람에 다들 그냥 돌아서 내려왔다고 했다. 그날 밤 꿈에 내가 오래전에 들른 적이 있는 영주의 부석사가 나타난 것도 놀라웠다. 부석사 대웅전 뒤쪽에 있는 선묘각을 향해 발걸음을 옮기고 있었다는 게 맞는 표현일 것이다.

비안개가 자욱한데 그 비각의 문은 열려 있고 붉고

푸른색의 옷을 입은 한 낭자의 화상이 눈에 들어왔다. 의상 대사가 당나라 유학길에 잠시 머물렀던 집의 딸이었다는 선묘. 하지만 안타깝게도 의상 대사를 향해 싹튼 그녀의 마음은 받아들여지지 않았고, 공부를 마친 의상 대사가 다시 신라로 가는 뱃길에 오르자 주저하지 않고 바다에 뛰어들어 함께 왔다는 전설이 담겨 있는 곳이었다. 대사가 부석사를 지을 무렵에는 용의 형상으로 나타나 도움을 주기도 한 터라 비각을 지어 낭자를 기리게 됐다.

그리해서 그곳에서 오래 자리하게 된 선묘의 비각을 향해 다가오는 익숙하지 않은 옷차림의 발걸음이 느껴진 건 바로 그때였다. 풍성한 치마의 자락을 끌며 비각의 문턱을 넘어 들어가 어느 결엔가 선묘의 화상과 겹쳐지며 하나가 되는 건 다름 아닌, 수비아코 동굴 밖 장미의 밭에서 내가 만난 남보라색 장미 한 송이로 만난 실비아 그녀였다.

똑같이 한 사람을 사모했으나 받아들여지지 않았고, 그럼에도 불구하고 끝까지 포기하지 않고 따른 길이 더 높은 대상을 향해 이어져 있다는 사실을 그녀들은 언제쯤 알았을까. 보이는 세상에서 품은 가슴 저린 연모가 보이지 않는 곳을 향한 까마득한 여정의 시작이었음을 알아, 그녀들 또한 이제는 거기에 이르지 않았을까. 그걸 헤아릴 만한 눈에 도달했다는 것만으로도 수비아코의 장미밭은 의미 깊은 곳이었다는 말로 순례기 안에서 맺음을 할 때까지는, 내가 오랫동안 구해온 아름다운 답을 찾은 듯한 기쁨에 취해 있었다.

한데 그건 오래가지 않았고, 그토록 매료되어 얻은 답이 어느새부턴가 그 선명함을 잃어간다는 생각에 '수비아코 장미'는 씁쓸함을 안겨주기 시작했다. 몇 년이 지나 다시 이루어진 순례의 참가를 결정하게 된 건 어쩌면, 그 장미밭은 아니더라도 성인의 유해가 있는 보이에른 수도원에 들를 수 있기 때문이었을 것이다. 밤새 뒤척이느라 거의 잠을 못 자서 머리가 무거운 데다 가슴 깊은 곳에서 뭔가가 자꾸 치밀어 오르는 듯한 느낌 들어 불안했다.

미사 전부터 왜 자꾸 이러지 하던 흔들림이 결국은

미사가 끝난 후 성인의 오른팔 유해를 친견할 무렵 울음이 되어 나오고야 말았다. 무릎을 꿇는 게 아니라 거의 주저앉다시피 하며 제단 끝에 손을 댔다가 일어나서는 얼른 옆으로 비켜서 나와 버렸다. 소리를 내지 않고 우느라 숨은 더욱 막힐 듯했고 흘러내리는 눈물은 범벅이 되어, 사진을 찍기 위해 앞으로 나란히 줄을 맞추는 일행 속에 함께 있을 수가 없었다. 얼른 무거운 나무 문을 밀고 나오는데 저만치에서 검은 수도복을 입고 걸어가는 키 큰 사람의 뒷모습이 눈에 들어왔다.

그곳의 한 수도자인지는 알 수 없었으나, 점점 흐릿해져 가는 수도복 자락이 '수비아코 장미'에서 내가 매달렸던 아름다운 답의 끝자락 같은 느낌으로 파고들었다. 그와 함께 내 울음이 나 혼자만의 것이 아님을 알아챌 수 있었다. 내가 만들어낸 그 실비아라는 여자와 부석사의 선묘 낭자가 나와 하나가 되어 가슴 속 깊은 우물에 갇혀 있다가, 다시금 이곳에 이른 나를 통해 벗어나려는 몸부림이 오늘 이런 울음으로 터진 거구나.

그녀들의 이야기를 순례기에 담으면서 내가 지녔던

소망이야말로 나도 그녀들처럼 수도복 자락의 누군가를 연모하고, 그를 통해 오른팔 유해를 남긴 천오백 년 전 성인의 믿음으로 갈 수 있기를 원한 거였다는 사실을 비로소 인식하게 된 건지도 몰랐다. 그건 온 마음으로 흠모하며 따를 수 있는 단 한 사람을 만날 수만 있다면, 글쓰기로 굳이 나의 이름을 붙들고 있지 않아도 좋다고 여겨온 아주 깊고 오랜 소망의 비틀린 형상이었다는 사실 또한 말이다.

내가 순례기를 쓰며 멋대로 가두어 버린 어쩌면 제 스스로 걷기를 원했던 그녀들과 함께, "연모하는 이를 가슴에 품고 뒤따른 길이 더 높은 대상을 향해 이어져 있다는 사실을 언제쯤 알았을까." 하고 규정지은 문장 속에, 나 또한 갇혀 있던 거였다. 울음이 그쳐갈 무렵, 수비아코 장미 한 송이를 그려준 젊은 친구의 말이 떠올랐다. 책을 낼 때 그 장미만은 사진이 아닌—그 장미밭에 간 건 나 혼자뿐이었고, 내가 찍은 연지색 장미의 사진은 너무 흐려서 쓸 수도 없었기에—그림으로 싣겠다고 고집을 부렸던 기억과 더불어.

내 글을 읽고 따로 말하지 않았는데도 나무판에 남보라색 장미를 그려다주며, "언젠가는 이 장미도 지어내신 이야기 속에서 벗어나고 싶어 하지 않을까요."라는 말을 했었다. 돌아가 만나게 되면 그 말이 맞았다고 해야겠구나 하며, 입고 있던 검은 옷 주머니에 손을 넣자 만져지는 게 있었다. 소성당에 들어가기 전에 먼저 들어간 대성당 입구에서 마주친 성모상의 손목에 붙어 있던 붉은 장미 한 송이. 행렬 때 쓴 것 같은 성모상 주위를 장식한 장미는 모두 빨간색을 그대로 간직한 조화였는데, 그 한 송이만은 말라서 색이 변한 생화였다.

왜 그랬는지는 모르겠으나 남들 눈을 피해 얼른 그 꽃을 떼서 주머니에 넣고는 미사 후에 터진 울음에 치여 까맣게 잊고 있었다. 꺼내려고 하니 이미 말라버린 꽃잎이라 바삭바삭 다 부서져 버렸다. 그걸 만지작거리며 수도원 건물에서 나오자, 들어갈 때부터 마주한 정원이 다시 나타났다. 가운데서는 하얀 분수의 물이 솟아오르고 둘레에 연두색 잔디밭이 있고, 그 가장자리로는 키 작은 빨간 장미들이 막 피어나고 있었다.

바삭거리는 장미 꽃잎을 주머니에서 꺼내 털어내듯이 그 분수의 물을 향해 날리는 순간, 눈앞에 나타난 건 오래 묵은 나무의 먼지를 내며 한 귀퉁이부터 무너져 내리고 있는 내 글에 담긴 선묘 낭자의 비각이었다. 낭자의 화상 속으로 들어가 함께 머물도록 했던 실비아라는 여자 또한 그 형체를 서서히 잃어가는 거였다. 그리고 그건 그녀들에게 나의 어리석은 소망을 이입시켜 놓고, 그 답답함의 까닭조차 알아내지 못했던 내가 '수비아코 장미'라고 이름 붙인 순례기의 한 꼭지에서 아주 풀려나는 순간이기도 했다.

그때는 아름다운 답이었지만 지금은 답이 아닌 것이 되어 버린 것을 인정해야 하는 울음 뒤의 허탈감이 불러온 건, 분수의 물보라 속에 나타난 늘 머릿속에서 그려온 새장보다 커버린 날개의 형상. 언제부터인지는 알 수 없으나, 지독히 매달려온 일의 끝에서 내가 그려내는 것은 항상 새장에서의 안온한 시간에 머물고자 해도 얼마 지나지 않아 자꾸만 커지는 날개로 하여 새장 밖으로 삐져 나갈 수밖에 없는 새의 서글픔이었다.

그때마다 글이 아닌 서툰 그림으로 그려두곤 한 새의 날개가 나이 들면서 마음의 상자 하나를 채우고 남을 정도가 되어간다는 사실을 그 먼 이국의 수도원 정원에서 기억해냈다는 것. 그게 어쩌면 처음부터 내 안에서 설정된 인식이었는지도 모른다는 자각이 결국은 '수비아코 장미'를 '보이에른 장미'로 바꾸게 한 건 아니었을까. 아름다운 답을 물보라에 실어 날려버린 탓인지 또 다른 눈물이 흐르기 시작했지만 결코 깊은 흐느낌은 아니었다.

새야. 때론 나도 꽃나무가 되어 널 기다리곤 한단다. 우울한 언덕에서 너를 그릴 때마다 후드득 듣는 핏방울은 차라리 거두고 싶은 내 아픈 목숨. 하나, 꽃은 끝내 기다림으로만 피고 기다림을 두고 간 너 또한 죽음으로가 아니면 올 수 없기에. 오늘도 언덕엔 이렇게 바람이 불어야 하는 게 정녕 아니겠니.

올리베따노 목백일홍

올리베따노 목백일홍

　수리산 자락에 사는 내가 지리산 자락에 있는 그 수도원을 찾아간 건 오로지 쉬고 싶다는 생각 때문이었다. 수도원 스테이를 한다는 그 남녘 수도원의 소개 영상 중 마음에 와닿는 아주 명료한 문장, "이리로 오십시오. 와서 쉬십시오."가 아주 강한 이끌림이 됐다. 내려가고 또 내려가 닿은 터미널에서 또 산길을 한참 가서 나무로 된 팻말을 만났고, 수도원 건물은 그리고 나서도 숲 사이 언덕길을 올라가서야 닿을 수 있었다.

　엷은 주황색 벽돌로 지어진 건물 입구에 그 수도원 이름을 알리는 또 다른 나무 팻말이 붙어있고, 그 앞에 키가 자그마한 미색 수도복 차림의 머리를 스님처럼 민 수사가 서 있었다. "오늘 온다고 연락주신 분인가요, 먼 길 오느라 애쓰셨어요." "손님 담당 수사님이시군요." 그는 대답 대신 고개를 끄덕이더니 손에 들고 있던 일정표를 주며, 이대로 따르시면 되는데 원치 않으면 편한 대로 해도 되니 아무 걱정마세요 했다.

우선 차 한잔하고 숙소로 가자고 하기에 따라갔다. '올리브 카페'라는 하얀 글씨의 팻말이 붙은 그곳 역시 엷은 색의 붉은 벽돌로 지어져 있었다. 수도원 안에 이런 곳이 있다니 하는 의아함은 들어서면서 놀라움으로 바뀌었다. 입구 쪽에는 여느 카페와 같이 커피를 내리는 기구들이 정렬되어 있고, 앞쪽 긴 탁자 뒤로는 둥근 탁자가 여러 개 놓여있었다.

게다가 옆쪽 벽면에는 와인과 올리브유와 그곳에서 직접 만든다고 들은 천연 비누 등이 진열되어 있었다. 그리고 마주 보이는 벽면에는 숲속에 자리한 수도원의 전경 사진이 걸려 있었다. 눈길이 머물면서도, 그곳이 내가 다녀온 적이 있는 수도원이라는 걸 그때까지는 전혀 알아차리지 못했다. 짐을 의자에 내려놓자마자 "우선 화장실부터 다녀오시지요."라는 말을 건넸다. 바로 옆에 있는 화장실은 더한 놀라움을 안겨주는 거였다.

들어서는 순간 코에 확 들어오는 편백나무 향, 벽면이 모두 그 나무로 되어 있어 화장실이라는 걸 잊을 정도였다. "향이 대단하지요. 여기엔 편백나무가 많아요. 그 나무가 늘어선 길도 있으니, 떠나기 전에 꼭 걸어 보세요."라며 따라준 커피 역시 향이 진했다. "쉬러 왔으니, 일정표를 따르지 않고 하고 싶은 대로 해도 되니 편안하게 여기세요. 다만 식사 시간은 잊으면 안 되지요. 밥때 놓치면 가게도 없어 굶는 수밖에 없거든요."

거기서 나와 안내해준 숙소 역시 예상과는 달랐다. 나무들 사이의 비탈길을 내려가니 풀이 잘 깎여진 마당이 나왔다. 야트막한 언덕을 뒤로 하고 한쪽에는 두 손을 모은 성모상이, 그 옆으로는 역시 하얀 꽃이 핀 크지 않은 목백일홍 한 그루가 서 있었다. 숙소의 출입문 쪽으로 걸음을 옮기려는 순간, 참새 한 마리가 날아와 성모상 머리에 앉더니 쨱쨱이라는 말밖에는 달리 표현할 수가 없는 울음소리를 냈다. 새는 머리 위에서 그 작은 발로 몇 번 톡톡 튀는 움직임을 보이더니 이내 목백일홍 나뭇가지로 날아갔다.

"집이 크네요." 따라 들어간 내가 하는 말에 수사는 약간 장난기 어린 말투로 대꾸를 했다. "행운이시네요. 많은 방문객이 다녀간 뒤라 정리된 숙소가 여기밖에 없어서요. 원래 수련자들이 쓰던 곳인데 지금은 황토로 된 숙소가 없을 때 가끔 손님 집으로 쓰고 있지요. 방 여섯 개에 욕실이 두 개, 그리고 거실까지 있으니 오늘은 다 쓰셔도 되겠네요." 그러면서 내가 쓸 방 앞으로 갔다. 뜻밖에도 가장 안쪽에 있는 그 방의 문에는 내 이름과 세례명이 쓰인 종이가 붙어있었다. 그곳 환대의 세심함이 그대로 담겨 있는 듯했다.

수사가 돌아간 뒤 들어간 방에는 나무로 된 침대 하나와 작은 옷장과 조그마한 탁자와 그 위에 놓인 전등이 다였다. 탁자 앞의 벽에는 먼저 받은 것과 같은 일정표가 붙어있고 그 아래 성경책이 놓여있었다. 짐 가방을 구석에 놓고는 침대에 걸터앉아서 일정표에 적힌 네 가지 중 한 가지를 선택했다. '거룩한 성경 읽기의 렉시오 디비나, 숲속 산책, 차와 음악, 휴식.' 그 일정들은 요셉 경당과 숲길과 수도원 카페와 개인 방으로 각각 장소가 달랐는데, 역시 네 번째가 가장 마뜩하게 여겨졌다.

한참을 침대에 누워 이 생각 저 생각하다가 저녁 기도 시간이 되기에, 수사를 따라왔던 길을 이게 맞나 하며 걸어서 성당으로 향했다. 도착했을 때 본 건물의 이층에 자리한 성전은 천장과 바닥이 모두 나무로 되어 있었다. 비둘기가 빛을 내려주는 형상을 한 앞쪽 스테인드글라스 밑에 나무 십자가가 걸려 있고, 왼쪽에는 푸른 옷을 입은 성모가 아기 예수를 앉은 조각상이 있었다. 창호지를 바른 나무 빗살의 문은 한옥의 느낌을 안겨주었고, 제대와 앉는 의자 역시 나무라 커다란 나무 방에 든 것 같았다.

미색의 수도복을 입은 수사들, 그곳에서 주어진 일과 일곱 번의 기도로 하루를 지낸다는 열대여섯 명 정도의 남자들이 두 줄로 서서 들어오자 갑자기 경건한 분위기가 됐다. 음을 붙여 양쪽에서 번갈아 하는 기도는 왜 그리도 긴지, 벽에 붙어있는 페이지 숫자를 보며 성무일도 책을 뒤적거리다 끝나고 말았다. 정말 그날 방문객은 나 하나밖에 없는지, 맨 뒷자리 구석에 앉아 있는데도 몸놀림이 여간 조심스러운 게 아니었다.

성당을 나와 저녁 식사를 위한 식당은 어떻게 가야 하나 하고 주춤거리고 있는데, 기도 때 왼쪽 맨 끝자리에 있던 그 수사가 먼저 밖으로 나오며 따라오라는 눈짓을 했다. 또 다른 비탈길을 걸어 내려가 닿은 건물에 들어서자, 가운데 접시와 음식이 놓인 긴 탁자가 있고 벽을 따라 네모지게 식탁이 놓여있었다. 그곳에서는 방문객도 수사들과 함께 식사를 한다더니, 들은 대로 따를 수밖에 없었다. 수사들이 음식을 담아가지고 각자 정해진 자리에 앉자 침묵 속에서 식사가 시작됐다.

앞쪽에서는 한 젊은 수사가 그 시간 내내 성경과 베베딕도 규칙서를 읽었다. 그 또한 들어서 알고 온 그대로였다. 입구 쪽 가장 외진 자리에 앉은 나는 사실 무엇을 어떻게 먹었는지조차 모를 만큼 긴장을 한 상태였다. 저녁 식사 후에는 선택 사항인 '전야 기도와 밤 산책과 성체조배와 명상' 중 아무것도 하지 않고 어둠이 내리기 시작한 길을 걸어 숙소로 돌아왔다. 현관문 잠금을 몇 번이나 확인하고 나서 씻은 뒤 바로 침대에 누웠지만, 고단한 하루 일정이었음에도 불구하고 쉽사리 잠이 올 것 같지가 않았다.

한 손에 묵주를 쥐고 돌리다가 설핏 잠이 들었는가 싶었는데, 저녁을 먹고 돌아오다가 본 숙소 앞의 마당 풍경이었다. 벌써 가로등이 들어와 비추고 있었는데, 그사이에 바람이 심하게 지나갔는지 처음 보았을 때보다는 훨씬 많은 목백일홍의 하얀 꽃송이들이 풀밭에 흩어져 있었다. '꽃들이 저리 떨어지는 동안 이곳에서는 꽃 보라가 일었겠구나.' 하는 순간, 낮에 본 참새가 어느새 파랑새로 변해 그 꽃나무의 가지에 앉아 있는 거였다. '아, 파랑새의 꽃나무, 그 이야기가 내 가슴에 자리한 건 아주 오래 전인데.'

그리고 순식간에 걸어 들어간 기억의 깊은 곳에는 오늘 찾은 수도원에서 멀지 않은 곳에 자리한 소도시가 있었다. 아버지가 그곳에서 좀 떨어진 지역에 주둔한

부대의 연대장이던 시절 나는 매우 밝은 얼굴의 계집애였다. 시골 국민학교에서 나만큼 예쁜 옷을 입고 다니는 아이는 없었고, 그에 못지않게 공부도 잘했고 글재주도 있었다. 어둠이라고는 없을 것 같았던 그 시기는 그러나 그리 오래가지 않았고, 대도시로 발령이 난 아버지를 따라 전학을 했다. 그러다 얼마 안 있어 아버지의 전역이 결정되면서 더 이상의 밝음은 존재하지 않았다.

그곳을 떠나 다시 바다가 가까운 도시로 올 때, 올 '수'를 받은 일 학기 성적표와 함께 작가가 되라며 담임 선생님이 들려준 동화책 한 권. 그 안에 있던 '파랑새의 꽃나무 이야기'는 어둠이 깔려버린 내 마음의 언덕에 자리한 슬프지만 아름다운 소망이었다. 그것이 잿빛 머리가 되도록 지워지지 않고 자리했다가, 쉬러 온 이곳에서까지 되살아나는 걸까.

"어느 야트막한 언덕에 어린 꽃나무 한 그루가 살기 시작했단다. 바람이 심하게 부는 저녁 새가 한 마리 날아들자, 꽃나무는 팔로 새를 감싸 주었고 새는 밤새도록 자기가 본 세상 이야기를 들려주었어. 아침이 오자 새는 다시 온다는 약속을 남긴 채 떠났고, 그 자리에선 그리움이라는 이름의 꽃이 피어났어.

시간이 흐르면서 꽃나무의 팔에는 저녁이면 날아든 새들이 피워놓고 간 각기 다른 이름의 꽃들이 늘어났지. 바람이 불고 비까지 내리는 저녁, 날개 젖은 파랑새 한 마리가 날아들었어. 밤을 지새운 후, 꼭 돌아오겠다는 약속을 하고 떠난 그 새가 피운 꽃의 이름은 사랑이었어. 숱한 꽃을 피워놓고 간 새가 돌아오기를 바라는 간절하고 기나긴 기다림 속에 꽃나무는 점차 허리가 휘어가고 있었지.

세상이 끝나기라도 할 것처럼 폭풍우가 몰아치는 밤. 꽃나무의 허리에 벼락이 내리쳤고, 팔에 매달린 꽃들이 흩어지며 꽃 보라를 일으키는 속에서 나무는 흐느꼈어. 지금이라도 한 마리의 새가 돌아와 준다면. 꽃나무가 서서히 쓰러져가고 있을 무렵 또렷한 새의 울음소리가 들려왔어. 그 빗속에 가녀린 날개를 파닥이며 돌아온 건 사랑의 꽃을 피워놓고 떠났던 작은 파랑새, 꽃나무의 가지에 치여 함께 죽음을 맞이한 마지막 새였지."

올 '수'를 받아 간 성적표는 이 학기가 되면서 전학을 간 학교에서 올 '우'로 바뀌어 있었고, 그걸 받아들고 코피를 쏟으며 울던 계집아이의 가슴 속에는 세상을 향한 서글픈 각인이 남고 말았다. 학년이 바뀌면서 들어간 문예반에서, 한 신문사가 주최한 글짓기 대회 최고상을 받았을 때 찍은 사진 속 눈빛은 그걸 깊게 담고 있었다. 언제 써넣었는지는 분명치 않으나, 뒷면에 있는 "파랑새의 꽃나무를 품고."라는 연필 글씨는 긴 시간 소망이 됐다.

한 대학의 고교생 문예 현상 모집에 당선됨으로 해서 국문과에 가겠다는 꿈을 이룰 수 있었다. 그때 응모한 단편소설의 내용 역시 학교생활에 잘 적응하지 못한 여고생이 화단의 꽃을 따서 뿌리고 과학관 앞에 있는 모형 나무에 앉아 있는 새들을 바라보며 뭔가를 기다리는 내용이었다. 여태까지도 나는 어쩌면 그 파랑새를 기다리며 지쳐가고 있는 건 아닐까.

그러다 줄지어 선 편백나무 길로 들어섰는가 싶었는데, 눈을 뜨니 어느 때처럼 열 시가 가까워져 오고 있었다. 휴대폰의 다섯 시 반 울림은 잠결에 눌렀는지 꺼져 있고, "아침 식사는 하러 오세요."라는 문자가 와 있었다. 여섯 시 반 기도 후에 바로 이어지는 아침 식사 시간이니 지나도 한참이 지나 있었다. 서둘러 일어나 세수만 하고 뛰다시피 하며 성당을 향해 갔으나 결국 미사 시간에도 늦는 바람에 얼굴을 들 수가 없었다. 내가 제대로 본 건 미사를 마치고 나가는 키가 무척 큰 신부의 녹색 제의 자락이었다.

미사 후 점심까지의 선택 사항은 '산책과 수도원 카페에서의 차와 음악'으로 되어 있었다. 어찌할까 망설이다가 카페로 가니, 문은 열려 있는데 사람이 없었다. 들어서다가 다시금 눈길이 가닿은 건 벽면의 그 수도원 전경. '아, 나는 저곳에 간 적이 있구나.' 그곳은 몇 년 전 내가 속한 봉헌회의 성지 순례 때 들른, 올리브 산이라는 뜻의 이름을 지닌 몬떼 올리베또 수도원, 이곳

몬떼 올리베따노 수도원의 모원이었다.

엷은 주황색 벽돌로 지어진 수도원 위의 하늘에서는 제비들이 날고 있었다. 중정을 바라보며 회랑을 돌아 들어간 건물에서 방을 가득 채운 책들을 보았던 생각이 났다. 아니 그보다, 피를 흘리는 예수상이 있는 소성당에서 특별한 이유도 없이 가슴이 저려오는 아픔을 느꼈던 기억이 되살아났다. 그 기억이 오늘 나를 이곳과 연결시켰는지도 모르겠다는 느낌에 사진 속 수도원을 눈으로 좀 더 거닐고 싶었지만, 누가 들어와서 말이라도 걸까 봐 유리 주전자에 담겨 있는 식은 커피를 한 잔 따라 마시고는 이내 밖으로 나왔다.

편백나무가 늘어선 긴 길을 찾아서 걷기도 하고 작은 연못가를 돌기도 하다가 발길이 닿은 곳이 성당 아래쪽에 있는 그 수도회의 창설자인 베르나르도 똘로메이의 동상이었다. 무릎을 꿇은 채 십자가를 양손으로 받쳐 들고 내려다보는 모습이었다. 그때 불현듯 저분이 무릎을 펴고 일어서는 날, 내가 기다리는 꽃나무의 파랑새도 오지 않을까 하는 생각이 스쳐 갔다. 하긴 그 기다림의 때를 의미하는 상징들로 다가온 건 벌써 여럿이었다.

운주사에서 만난 누운 돌부처의 어깨 밑으로, 실을 넣어 양쪽에서 잡고 발끝까지 끊어지지 않게 통과한다면 그 불상이 일어난다는 전조가 아닐까. 인각사에서 발견됐다는, 한쪽 날개를 잃었음에도 피리를 불고 있는 금동가릉빈가상. 극락의 소리를 낸다는 그 피리의 시간을 기다리며 한쪽 날개로 앉아 있는 그 작은 상 앞에서 주르르 눈물을 흘렸던 것도 같은 선상에 있었다. 그리고 무엇보다 내가 가는 수도원에서 베네딕도 성인상을 만날 때마다 따르는 존재였던 발밑의 까마귀가 다시 날갯짓을 시작하는 건 언제쯤일까 했던 기억 또한.

그 모든 것이 나에게는 사랑이라는 이름의 꽃을 피워놓고 간 파랑새가 돌아오는 시간을 의미하고 있는지 모른다는 생각이 들자, 몬떼 올리베또 그 먼 수도원에서 그랬던 것처럼 가슴이 저려오기 시작했다. 그보다 더해 이번에는 심장이 조여 오는 것 같은 통증이었다. 그건 마치 어젯밤 꿈속에서 나의 꽃나무를 이곳 언덕에 심어두면 어떨까, 성모상 옆에서 하얀 꽃을 달고 있는 목백일홍 나무에게 그 기다림을 두고 가면 어떨까 했던 생각을 돌려놓기 위한 지독한 아픔 같기도 했다. 그리고 그때 비로소 알았다.

내 심장을 감싸고 있는 존재가 바로 파랑새가 꽃을 피워놓고 간 나무의 뿌리라는 걸 말이다. 열대 지방에서 보았던 스팡나무의 뿌리, 오랜 세월 사원의 벽을 감싸고 있어 그걸 걷어내면 사원은 그 자리에서 허물어지고 말 거라고 했다. 그와 같은 뿌리의 상징을 만난 건 의외로 또 다른 성모상이 서 있는 위쪽 비탈이었다. 전날은 무심히 지나쳤던, 땅을 움켜쥔 듯한 손가락 모양새의 하얀 나무뿌리가 유난히 강하게 다가온 까닭이 거기 있었다.

그와 함께 인식되어지는 또 하나가 있었다. 그건 긴 시간 내 안에 자리해온 꽃나무의 뿌리를 걷어내면 내 심장 또한 무너져 파랑새가 돌아올 소망의 순간을 만날 수 없다는 뜻밖의 사실. 섣부른 기다림으로는 올 수 없는 파랑새를 꽃나무는 너무 서둘러 기다리며 스스로 지처가고 있었다는 서글픈 깨달음 말이다. 무엇인가를 구하려 하지 않고 그냥 쉬겠다는 생각만으로 찾아간 그곳에서 그 기다림의 답을 얻은 건 정말 예상치 못한 일이었다.

그러기에, 머리를 밀기는 했으나 언뜻언뜻 눈에 띄는 흰 머리카락으로 하여 연륜이 있어 보이는데도 맨 마지막 자리에서 손님맞이를 하는 그 수사가 떠나는 내게, "쉬고 싶으면 언제든지 오세요."라는 말을 했을 때. "이제 더는 이곳을 찾지 않아도 될 것 같네요."라는 마음속 말을 건넬 수 있었는지도 모르겠다. 돌아오는 길 내내 머릿속에서 들려오는 노래는 여전히 처연한 빛깔이었지만 그래서 더 아름답다고 믿고 싶었다.

"새야. 바람 부는 언덕엔 한 그루 꽃나무가 있었고, 저녁이면 새가 날아들었단다. 밤새 머물다 떠난 자리에선 저린 기다림으로 꽃이 피어났고. 그러면서 꽃나무의 허리는 점차 휘어져, 어느 날 서서히 쓰러져가며 제 가지에 치인 날갯소리를 들었지. 사랑이라는 이름의 꽃을 피워놓고 간 아주 작은 파랑새였어.

　새야. 때론 나도 꽃나무가 되어 널 기다리곤 한단다. 우울한 언덕에서 너를 그릴 때마다 후드득 듣는 핏방울은 차라리 거두고 싶은 내 아픈 목숨. 하나, 꽃은 끝내 기다림으로만 피고 기다림을 두고 간 너 또한 죽음으로가 아니면 올 수 없기에. 오늘도 언덕엔 이렇게 바람이 불어야 하는 게 정녕 아니겠니."

'천상의 나팔 소리'라는 뜻을 지닌 그 꽃이 먼 곳에서는 피어보지도 못하고 내 거친 손놀림에 지고 말았었는데, 내 베란다의 같은 꽃은 지금 저렇게 피어 나팔 소리를 내고 있다는 사실. 어쩌면 지난날의 기억이 흐릿해져 있는 이 도시에서지만, 분만실에서 천사가 부는 나팔 소리를 한번은 들었다고 여긴 기억이 되살아나는 듯도 했다.

아인지델른 만데빌라

아인지델른 만데빌라

 창문이 나 있는 천장이 다락방 같은 느낌을 주는 그곳에서의 시간은 너무 짧아 아쉽기만 했다. 저녁을 먹고 들어가 씻고 벽 쪽에 붙어있는 낮은 침대에서 잠이 들었다가 새벽에 짐을 꾸려 가지고 나오자니, 더 머물지 못하는 게 아깝다는 생각마저 들었다. 비스듬히 난 창문을 열면 별빛이 들어왔을지도 모르는데 미처 그럴 생각조차 못 했으니 말이다.

 단발머리였을 때 내게 이런 방이 주어졌더라면 얼마나 많은 꿈을 그려내며 지낼 수 있었을까. 그나마 이번 순례를 떠나면서 아예 혼자서 방을 쓰겠다고 한 덕분에, 짧지만 그런 공간에서의 소망을 기억해내기라도 할 수 있었으니 다행이라고 여겨야 할까. 하지만 절벽으로 둘러싸인 수도원에 들어 저녁 기도를 마친 후에 들어간 언덕 위 피정의 집 방은 그 아쉬움을 금세 잊게 만들기에 충분했다.

하도 작아서 짐 가방 두 개와 한두 사람이 타면 꽉 차는 엘리베이터로 올라가서, 길쭉한 나무 막대기에 달린 묵직한 열쇠를 돌려 문을 열고 들어서자 이렇게 좁은 공간의 숙소도 있구나 싶었다. 양쪽 벽에 붙은 침대 두 개에 그 옆으로 옷장 두 개, 창문 쪽에 있는 책상 두 개와 샤워실 하나. 가운데 통로는 방을 혼자 쓰기에 망정이지 둘이었다면 오가며 부딪히기라도 할 것 같았다. 그래도 이틀 동안 이곳이 나만의 공간이라는 생각이 들어 좋았다.

집에서도 줄곧 혼자 지내는 자그마한 아파트의 시간이면서 나와서까지 이렇게 혼자여야만 안도감이 생기는 건지 가끔씩 이건 병일지 모른다는 생각이 들지 않는 건 아니었다. 미사에 가서도 맨 뒤의 자리, 그것도 끝이어야 숨쉬기가 편했다. 가운데 끼어 있으면 답답해지고 밖으로 뛰어나갈 일이 생기면 어쩌나 하는 불안감이 들기 시작하면 도무지 집중을 할 수가 없었다. 그래서 어딜 가든 구석자리를 찾는 게 일이었다.

매우 비좁지만 이곳에 머물 수 있는 이틀 동안 미사를 드리거나 기도를 마치고 올라오면 입을 다물고 있어도 좋은 공간을 역시 확보했다는 생각에, 다락방의 느낌으로 다가왔던 전날 숙소에 대한 아쉬움은 벌써 멀어지고 있었다. 한데 따지고 보면 완전히 혼자가 아닌 무리 속에서 조금 떨어져 혼자 있는 그런 얕은 안도감은 반드시 대가를 지불할 일이 생기게 마련이었다. 다음날 새벽에 바로 그렇게 되리라고는 예상치 않았음에도 불구하고 말이다.

저녁 기도를 끝내고 돌아와 지하에 있는 식당에서 일행과 함께 식사를 마치고 일어서며, 새벽 기도를 위해 현관에서 떠나는 시간을 귀담아듣고 올라올 때까지는 괜찮았다. 늦지 않게 알람을 맞추어 놓고 잠이 들었다가 눈을 뜬 건 그 알람이 울리기 한참 전이었다. 씻고 나서 옷장에 걸어 두었던 망토처럼 생긴 검은 봉헌복까지 챙겨 입고 약속 시간에 딱 맞춰 내려갔는데 있어야 할 사람들이 한 명도 없었다. 아직 안 내려온 사람이 있어서겠지 하고 잠시 기다렸지만 어디에서도 기척이 없었다.

그 순간 벌써 다 수도원을 향해 떠났구나 하는 생각이 스치자 아찔했다. 현관문을 밀고 나서자 그야말로 내가 이제껏 마주친 적이 없는 아주 새까만 어둠이 바짝 다가서는 느낌이었다. 전날 저녁 기도를 마치고 계단을 내려와 수도원 가까이에 사는 마을 사람들의 묘지를 지나 순례자 동상을 보며 조금 더 걸어 지붕이 있는 긴 나무로 된 다리를 건너 큰길을 만나고, 그 길을 건넌 뒤 다시 언덕길을 한참 올라서야 숙소에 닿았던 기억이 떠올랐다. 그 조각들을 맞추어 보노라니 도저히 갈 엄두가 나지 않았다.

게다가 언덕길 한쪽은 숲이었던 것 같은데 밤새 비라도 내렸는지 물방울이 떨어지는 소리만 들려올 뿐 뭐가 나올지 도무지 가늠되지를 않았다. 빛이라고는 올려다본 하늘에 떠 있는 무수히 많은 별들의 반짝임이 다였다. 그 짙은 어둠 속에서 혼자 수도원까지 걸어갈 자신이 없어서 망설이고 있을 때였다. 갑자기 오른쪽 어깨 위에 작은 빛 하나가 내려와 앉는 느낌이 들었다. 그러더니 이번엔 또 왼쪽 어깨 위에 그와 같은 빛이 내려와 앉는 거였다. '걸어가세요, 늘 혼자 걸었잖아요. 그걸 그리 좋아했으면서. 지금도 그러면 되는 거잖아요.'

그 빛 두 개가 양쪽 어깨 위에서 마치 반딧불이 속삭이기라도 하듯이 들려주는 소리가 한동안의 망설임을 가야겠다는 쪽으로 바꾸어 놓았다. 그리고 그제야 들고 있는 휴대폰에 불빛이 있다는 걸 생각해냈다. 양쪽 어깨에 내려앉은 불빛과 발밑을 비추는 휴대폰 불빛에 의지해, 비탈길을 내려가 큰길을 건너 지붕이 있는 다리를 지나 순례자 동상을 만나고 다시 계단을 올라가 수도원 마당에 들어섰을 때야 비로소 사람들 모습이 눈에 들어왔다.

그리고 그 순간 어깨 위의 두 불빛은 사라졌고 내 휴대폰 불빛을 알아본 사람들이 다가와 안 내려오는 줄 알고 먼저 왔다는 말을 건네는 거였다. 조금도 기다려주지 않은 일행이 야속하다는 느낌도 잠깐, 무리 속에서 혼자 있는 걸 그리도 선호했으니 당연한 대가를 치르는 것뿐이라는 마음이 앞섰다. 성당 안에 들어가서도 또 맨 뒤의 구석 자리, 어둠 속에 더듬거리며 걸어온 피곤이 몰려와 안 그래도 외국어로 들려오는 기도 소리가 눈꺼풀을 내려가게 했다. 그러다가도 끝날 무렵이라는 건 바로 알아차리고 얼른 문을 밀고 나왔다.

 밖은 아직도 어둠 속이었지만, 한 번 왔던 길이라 혼자 걸음으로 돌아오기가 어렵지는 않았다. 하늘에는 여전히 별들이 떠서 운행하고 있었으나, 어쩌면 그 별빛의 부서진 조각이었을지도 모를 빛은 더 이상 내 어깨 위에 내려앉지 않았다. 아침 식사 중에도 아니 온종일 다시 어둠이 내릴 때까지도 나는 그 빛이 들려준 선명한 속삭임 속에 머물러 있었다. '늘 혼자 걸었잖아요, 그걸 그리도 좋아했잖아요.' 그 속에 슬픈 원망이 날카롭게 담겨 빛나고 있었음을 깨달은 건 그 숙소에 머물며 다녀온 또 하나의 수도원에서였다.

그 수도원으로 향하는 길에 만난 풍경 속에서 어미 젖을 빨고 있는 새끼 젖소를 만난 게 결코 우연이 아니었다는 것. 어쩌면 덮어두고만 있었던, 아니 덮어두려 애쓰며 지내온 기억을 가슴 밑바닥에서 끌어올리기 위한 전초였는지 모른다는 생각은 나중에야 들었다. 가벼운 마음으로 길게 이어진 건물의 성당에 들어가 미사를 드릴 때만 해도 그곳에서 내가 그렇게 진한 눈물을 떨구게 될 줄은 미처 몰랐다.

미사가 끝난 후 밖으로 나오자 안내자가 다음 일정을 일러줬다. 밑으로 내려가면 식당이 있는 거리가 있으니 그곳에서 각자 점심을 먹고 정해진 시간에 다시 모이라는 거였다. 성당을 들어가면 바로 보이는 '은총의 소성당'에서 묵주기도를 드리기 위해서라고 했다. 하긴 처음 발을 들여놓았을 때 성당 안에 또 무슨 작은 성당이 있나 싶어 의아했다. 앞쪽으로 더 들어가면 제대가 있고 그 앞에서 미사를 드리게 되어 있는 구조였다.

설명을 듣고 나서 점심을 먹기보다 성물방에 먼저 들렀다. 그곳에서 만난 성모상이 바로 '은총의 소성당'

에 모셔진 성모상을 본뜬 거였다. 까만 얼굴을 한 성모가 역시 까만 얼굴을 한 예수를 안고 금박을 한 왕관을 쓰고 한 손에 금색 홀을 든 모습이었다. 이곳에 왔던 기념으로 그 성모상을 사야겠다는 생각에 값을 보니 꽤 비쌌다. 성모상이 없어 기도를 못 할까 싶어 들었던 것을 내려놓고는 밖으로 나왔다. 조금 내려가니 마트가 보여서 초콜릿 두 개와 캔 커피를 사서 먹고는 시간에 맞춰 가니 '은총의 소성당' 앞 창살 문이 열려 있었다.

성모상 앞에는 어느새 불붙여진 초와 꽃이 바쳐져 있었다. 창살 안쪽에도 의자가 있었지만 바깥쪽에 놓인 긴 의자들 뒷줄로 갈까 하다가 묵주기도를 올리는 동안 성모상이 잘 안 보일 것 같아서 맨 앞자리 끝에 앉기로 했다. 약속된 시간이 되자 자리를 꽉 채운 몇십 명의 사람들이 각자 자기 나라의 언어로 기도를 시작했다. 반복되는 성모송 속에서 눈길이 머문 곳은 정작 성모의 얼굴이 아닌 양쪽에 세워진 기둥 위의 천사상이었다.

그곳에 모셔진 검은 성모상과 더불어 소성당을 둘러싼 외벽 또한 검은색이라 그 천사상이 더 눈에 띄었는지는 모르겠으나, 그곳에 전해 내려온다는 '천사들의 축복'이라는 말을 떠오르게 했다. 수도원을 설립한 후 수도승들이 주교에게 축복을 청했는데, 축복식 전날 밤 주교가 기도하러 소성당으로 갔을 때 천사들에 둘러싸여 내려온 그리스도가 몸소 축복하는 환시를 보게 됐다. 다음날 주교는 축복하기를 주저했지만, 수도승들의 계속되는 요청에 하는 수 없이 입장하려는 순간 천사가 나타나 이미 축복되었다는 말을 전했다는 거였다.

그 뒤로 그 아인지델른 수도원에 은총을 받기 위한 이들이 모여들면서 '은총의 소성당'이라는 이름도 붙여졌다는데, 나도 그 일원이 되어 있는 거로구나. 천사상에 눈길이 머물면서 생각은 또 다른 데로 빠져 묵주기도가 어디까지 갔는지 헤아릴 수가 없었다. 그래서 아예 포기를 하고 눈을 감아버리자 눈길이 갔던 천사상의 소리가 귓가에 들려오기 시작했다. '우리를 모르겠어요. 벌써 만났잖아요. 일행과 떨어진 당신이 어둠 속에서

걸을 수 있도록 우리가 어깨 위에 내려앉았잖아요. 그건 별빛의 조각이 아니었어요.'

내 눈에서 핏방울만큼 진한 눈물이 흘러내리기 시작한 건 바로 그때였을 것이다. '그래, 혼자만의 시간과 공간이 전혀 주어지지 않는 생활을 견뎌야 한다는 강박감 속에 스스로 지워질 수밖에 없게 만든 너희를 라파엘과 미카엘, 천사의 이름을 붙여 가슴 깊은 곳에 묻어두었었지. 긴 시간이 흐른 지금 그걸 일깨워주려고 처음 목소리를 내며 다가온 거였니.'

'비스듬한 천장에 난 창문으로 별빛이 들어오는 다락방에서의 혼자 시간을 꿈꾸며 살아온 여자는 어쩌자고 그 공간의 꿈을 그리 쉽사리 버리고 곁의 사람을 선택했을까. 그건 아주 심한 어리석음, 마치 학교를 졸업하고 직장을 가지게 됐으니 그저 남들이 그려놓은 도표의 다음 단계로 따라가야 한다는 새장에 갇힌 사고 때문이었을 거야.

그러나 갑자기 한 공간에서 숨을 쉬어야 하는 존재

들, 거기다 살아온 과정이 아주 다른 주변의 사람들. 내가 아닌 다른 존재를 나의 공간에 받아들인다는 게 그렇게 힘든 일 줄은 미처 헤아리지 못한 채 섣불리 한 결정이었다는 걸 인식했을 때는 모든 게 늦어버린 상황이었어. 한 공간에서의 생활을 당연한 것으로 여기는 사람들과의 마찰은 갈수록 심해졌고, 그럼에도 원하지 않는 생명은 내 안에 자리를 잡았다가 스스로 지고 말았지.

벗어날 수 없음에도 기어이 혼자 시간에의 꿈을 버리지 않겠다는 독한 의식이 자리 잡아 크려는 가녀린 생명의 의지를 두 번씩이나 꺾어버린 것인지도 몰라. 라파엘과 미카엘, 너희 둘은 내가 혼자로 돌아가는 데 걸림돌이 되지 않기 위해 떠났는지 모르지만 그런다고 다 되는 건 아니었단다. 산다는 게 이미 예정되어 있다는 건 어느 누가 터득해서 각인시킨 말일까. 내가 결단을 위한 망설임 속에 주저하고 있을 때 결국은 받아들일 수밖에 없는 또 하나의 존재가 자리 잡게 되었으니까 말이야.

그 무렵에는 돌아가겠다는 의지조차 약화된 상태라서 나만의 공간에 대한 꿈을 아예 버린 존재로 살아가기로 마음을 바꿔 먹는 게 나을 것 같았지. 그 뒤로는 살았다기보다 살아냈다는 표현이 오히려 맞는 것일 거야. 그리고 이제는 잿빛의 머리, 어찌 된 것인지 지금의 거처가 있는 지하철역에 내리는 순간. 나는 완전히 혼자만의 아파트 그 공간에서 온종일 목소리를 내지 않아도 좋은 시간 속 존재로 남아 있더구나.

그러고서도 모자라 이 먼 곳 순례길에 올라서도 혼자만의 숙소를 고집하다 난감한 경우에 처한 나를 도우러 그 짙은 어둠 속 새벽길에 나타났던 거니. 그래도 천사의 이름을 붙여 축일에는 잊지 않고 있었던 마음이 연결 고리가 되어주었던 것일까. 따로 기억하고 있지 않다가도 그 천사들의 축일이면 여지없이 되살아나곤 했으니 말이야.

어깨에 내려앉은 빛으로 왔던 너희가 혹여 그 어둠 속에서 발밑을 비추어준 휴대폰 불빛 같은 지상의 존재, 사자 성인의 이름을 붙여 내가 품고 키워낸 그 대상을 시새움하지는 않았을까. 천사의 이름으로 가슴속에 간직한 너희들 대신, 혼자만의 공간을 향한 소망을 아주 포기하면서까지 최선을 다해 곁을 지킨 그 존재를 부러움으로 내려다보지는 않았을까.'

귓가에 들려오던 여러 나라 말의 묵주기도 소리가 그쳤다고 여긴 순간, 눈을 뜨면서 알았다. '어깨 위의 빛으로 왔던 그 존재들을 여태껏 돌보고 있었던 건 저 검은 얼굴의 여인이었구나. 혼자만의 공간에 대한 집착으로, 자리 잡으려는 생명을 몰아내 스스로 지게 만든 나 대신 곱게 보듬어 하늘의 존재로 키운 건 긴 세월 저 어머니였구나. 그래서 내 가슴에서 줄곧 지워지지 않고 있었던 것이로구나. 어쩌면 나는 깊이 묻어 두고 있었는데, 가여운 너희는 나를 놓지 않고 줄곧 곁에 머물며 기억시키려 애썼던 건 정녕 아닐까.'

왜 그리 많이 우느냐고 옆 사람이 어깨를 감쌀 때에야 내가 묵주기도의 중간쯤부터 심하게 흐느끼고 있었다는 걸 알게 됐다. 그 흐느낌이 하도 깊어 다른 이들은 뉘우침이 유난히 깊었나 보다는 눈빛만 보낼 뿐이었다. 그때 인솔 신부가 스쳐 지나가며 건넨 한 마디가 그 의미로 다가왔다. "정말 은총의 성당에 머무셨군요." 묻어 둔 채로 애써 지웠다고 믿어온 기억과 마주해 토로할 수 있게 된 것이 은총이라면 그 말도 틀린 건 아닐 듯했다.

소성당을 나와 떠나기 전에 서둘러 성물방으로 향한 건 비싸서 놓았던 그 성모상을 사야겠다는 생각이 강해져서였다. 계산을 한 여직원은 성모상과 그 손에 꽂혀 있는 홀을 빼서 따로 싸주며, 부러지지 않게 잘 가져가라는 눈빛을 더해주었다. 전례력에 따라 복장을 달리한다는 그 성모상이 가진 서른한 벌의 옷은 염원이 강한 신자나 단체가 마련한 공경의 의미라는 말이 인상적이었다. 나는 눈물로 대신했다는 생각이 들었다.

종이에 싸서 스카치테이프까지 붙여준 성의가 고마워서라도 잘 가져야겠다 싶어 부치는 짐 속에 넣지 않고, 지고 다니는 가방 속에 그것도 옷으로 몇 겹을 싸서 나중에는 앞으로 안고 비행기에 탔다. 운 좋게도 두 자리가 붙어있는 좌석이었는데 창가 쪽에는 한 청년이 앉고 내가 통로 쪽에 앉게 됐다. 화장실에 가고 싶으면 언제든 툭툭 치라고 하자 씩 웃더니만, 놀랍게도 열 시간 가까운 비행시간 동안 한 번도 일어나질 않았다.

나는 졸다 깨다를 반복하며, 보이론 수도원에서의 새벽길과 아인지델른 수도원의 천사상을 번갈아 그려보다가 내렸다. 수속을 마치고 나와 집으로 가는 방향의 공항버스를 타고 보니 그 청년이 또 옆자리였다. 반가운 말을 주고받으며 버스에서 내려 다시 택시를 잡으려는데 역시 산자락에 자리한 같은 아파트 단지였다. 서로 사는 동만 좀 떨어져 있어, 그 청년이 엘리베이터로 짐가방을 옮겨 현관문 앞까지 가져다주고는 한 마디 남기고 갔다. "가까운 곳에 사니, 도움이 필요하면 언제든 부르세요, 아들처럼."

열흘 넘게 비워둔 베란다의 화분에서는 떠날 때 작은 봉오리를 맺기 시작했던 빨강 만데빌라가 막 피어나고 있었다. 그 꽃을 대하자, 아인지델른에서 나와 저녁을 먹기 위해 들렀던 식당 창가에서 하양 만데빌라를 본 기억이 났다. 하도 반가워서 휴대폰 카메라를 들이대다가 두 개의 봉오리가 붙은 꽃꼭지가 그만 떨어져 버렸다. 그러자 만데빌라가 지닌 하양 피, 진액이 방울방울 솟아나 떨어지는 거였다. 당황해서 손으로 꼭 누르고 있었더니 끈끈해지며 차츰 멈췄다. 피지도 못하고 내 손에 떨어지고 말았구나 하는 말이 저절로 나왔다.

'천상의 나팔 소리'라는 뜻을 지닌 그 꽃이 먼 곳에서는 피어보지도 못하고 내 거친 손놀림에 지고 말았었는데, 내 베란다의 같은 꽃은 지금 저렇게 피어 나팔 소리를 내고 있다는 사실. 어쩌면 지난날의 기억이 흐릿해져 있는 이 도시에서지만, 분만실에서 천사가 부는 나팔 소리를 한번은 들었다고 여긴 기억이 되살아나는 듯도 했다.

그 목소리가 더는 들려오지 않자, 걸어 들어오며 전나무 숲길에서 본 그 뒷모습이 내 눈에만 들어온 허상이 아닐 거라는 생각이 강해졌다. 내 그리움이 불러낸 착각이 아니라, 잠시 소생한다는 뜻의 이름을 지닌 이 절로 그 약속을 지키기 위해 다니러 왔음이 틀림없다는 확신이 말이다. 안국사지의 노랑빛 상사화, 그리움이 너무 깊어 이승과 저승의 경계가 허물어지며 엉켜버린 듯한 느낌의 그 꽃이 혹시 해후의 전조는 아니었을까.

내소 상사화

내소 상사화

 이별 난초, 난과 비슷한 이파리가 나왔다가 말라 없어지면 그 가운데서 줄기가 올라와 꽃이 피기에, 서로 만날 수 없는 그리움으로 하여 상사화라 이름 붙여진 그 꽃이 머리를 맴돈 건 여름 들면서부터였다. 분홍빛 꽃잎의 빛깔이 내게는 바랜 핏빛으로 보일 때가 많았다. 안간힘을 써도 만날 수 없는 그리움이 핏빛이 되고, 시간이 가도 도리가 없다는 절망감에 손을 놓아버린 탓에 그렇게 분홍빛으로 흐려진 것만 같았다.

 그러기에 당진에 있는 안국사지를 향해 올라가는 길에서 만난 다른 빛깔의 상사화는 놀라움을 안겨주었다. 물론 거기서도 늘 보던 분홍빛 상사화를 먼저 만났다.

한데 조금 가다 보니 노랑빛 상사화의 무리가 눈에 띄기 시작했다. 그 순간 핏빛 그리움이 바랜 것이라고 여겨온 분홍빛 꽃과는 전혀 다른 느낌이 전해져 왔다. 저건 너무 그리운 나머지 경계를 잃어버린 혼란의 빛깔을 담고 있구나.

무성했다가 말라 없어진 이파리는 저승으로 가고 그 후에 나온 줄기에서 핀 꽃송이 또한 이승에 머물다 져서 저승으로 가면, 이듬해 봄 새로 나오는 이파리는 다시 저승에서 이승으로 오는 안타까움의 반복. 그게 어쩌면 저 꽃잎을 노랑빛으로 바꿔 이승과 저승의 경계가 엉켜버린 상태가 된 건지도 모른다는 생각이 들었다. 그러자 그 상사화가 오히려 분홍빛 상사화보다 더 깊은 슬픔으로 다가오는 거였다.

길의 끝에는 탑이 있고, 그 뒤로 돌로 쌓은 기단 위에 세 부처상이 서 있었다. 넓은 보관을 머리에 쓴 중앙의 부처상은 키가 매우 컸다. 그리고 왼쪽에 그보다 훨씬 작은 부처상 하나와 오른쪽에 그보다는 큰 부처상 하나가 나란히 있었다. 다만 오른쪽 부처상은 얼굴 부분이 깨져나간 상태라 보기에 안쓰러웠다. 그 머리는 어디를 굴러다니다 멈춘 곳에서 하나로 만날 날을 기다리며 구름처럼 흘러가는 시간 속에 있을까.

주변을 돌다가 양쪽 큼지막한 바위 위에 놓인 긴 돌이 문을 연상시키는 곳에 이르렀다. 그 문을 통과하니 다시 큰 돌 두 개가 벽처럼 가운데 돌 하나가 바닥처럼 놓여있었다. 젖어 있기는 했으나, 그 위에 잠시 누워 눈을 감으니, 마치 돌로 된 작은 방에 들기라도 한 듯 아주 편안했다. 이대로 잠이 들면 다른 시간 속으로 넘어가 이승과 저승의 경계를 넘나드는 노랑빛 상사화가 될지도 모른다는 생각에 빠져드는 참이었는데, 난데없이 헉헉대는 숨소리가 가까이서 들려왔다.

놀라서 일어나니 개 한 마리가 발치에 다가와 있었다. 누런색 짧은 털의 어린 리트리버가 반가움에 꼬리를 흔들어 대기에, 나는 너를 처음 봤는데 왜 이러니 하며 손사래를 쳐도 소용이 없었다. 그때 그 뒤로 한 젊은 남자가 따라오더니 개를 부드러운 손놀림으로 밀어내며 말을 걸었다. "놀라셨지요. 이 안국사지 안내견

이래요. 저 아래 절집에서 키우는데 누구나 반기며 이리 다가오곤 한대요. 그리고 비에 젖은 돌 위에 그렇게 누우시면 안 돼요."

순간 낯이 익다는 느낌이 들기는 했지만, 그렇다고 우리 어디서 만난 적 있나요 하고 굳이 묻고 싶지는 않았다. 그리도 깊은 반가움을 표시하던 개는 불상이 서 있는 곳에서 아래로 내려오는 길로 접어드는 우리를 보더니, 더는 자기 영역이 아니라는 듯 따라오지 않고 멈춰 서서 꼬리만 흔들었다. 그 모습을 보다가 내게도 자리한 개의 기억을 되살려냈다.

울타리 안에서 자란 진돗개 어미와 산을 떠돌아다니는 진돗개 아비에게서 태어난 강아지 한 마리를 농장 지인에게서 데려다가 정을 쏟으며 삼 년 정도를 키웠다. 한데 아주 뜨거운 여름날 눈이 초롱초롱해서 초롱이라고 이름 붙인 개의 눈빛이 이상해지더니, 다음날 밥을 주러 간 옥상에서 갑자기 내 손등을 물었다. 살짝 물고 나서 성에 안 찼는지 다음엔 발목을 물고 흔들어대기까지 했다. 옆에 있던 빗자루로 여러 차례 때리고 나서야 물러섰는데, 이를 바득바득 갈기까지 하는 모습에서 살기마저 느껴지는 거였다.

이빨 자국이 깊이 난 발목은 치료에 한 달이 넘게 걸렸고, 그사이에 개는 데려온 곳으로 다시 돌려보내는 수밖에 없었다. 그 여름에 더구나 피의 맛을 본 개는 더 이상 키울 수가 없다는데, 어떻게 되었을지 떠올리면 마음이 영 안 좋았다. 어쩌면 그때 개는 내 뒤에 서 있는, 나는 알아채지 못하는 어둠의 존재를 보았던 건지도 몰라. 그 예감대로 가을이 오기까지 나는 여기저기 몸이 아팠고, 늦가을 들 무렵 가장 가까운 누군가가 떠난 것 같은데, 그게 누구인지는 어느 시점부터 흐릿한 기억으로만 남았다.

뜻밖인 건 누군가가 떠날 무렵 그 개가 꿈에 나타나 길잡이 역할을 하며 앞서가는 장면은 또렷이 남아 있다는 사실이었다. 노랑빛 상사화가 피어있는 길을 내려오는 동안 내가 나란히 걷고 있는 젊은 남자에게 그 이야기를 들려주었다는 건 더욱 의외였다. "우리 가족에게도 그와 같은 개의 기억이 있는데 우연의 일치네요.

한데 다음엔 어디로 가시나요." 그 말에 마치 동행을 했으면 좋겠다는 듯이 부안 채석강에 들렀다가 내소사까지 갈 예정이에요 라는 말을 참 재빨리도 해버렸다.
"그럼 같이 가서도 되겠군요."

 지는 해가 그리도 아름답다는 솔섬으로 향해 가는 길은 의외로 시간이 걸려 멀리서 바라보는 것으로 아쉬움을 달래야 했다. 지는 노을을 보고 나오는 차들이 벌써 줄을 잇고 있어서였다. 하지만 섬 뒤로 넘어간 해가 그 주위를 둘러싸고 발하는 빛과 함께 신비로운 풍경을 지어내고 있었다. 저 너머에 이승의 존재인 우리가 가닿을 수 없는 세상이 있을까.

 차를 돌려 도착한 채석강 앞의 숙소는 예상보다 아늑했다. 각자의 방에서 자고 난 다음 날 아침에 진한 향의 커피를 마시고 나서 채석강 앞의 바위 해변으로 갔다. 썰물이라 깊숙이 들어가 해식 절벽을 올려다볼 수 있었는데, 그 풍경이 마치 저승 세계의 서고처럼 다가왔다. 죽은 영혼이 켜켜이 시간의 흔적이 담긴 돌 책들을 읽으며 지내는 곳이 있다면 바로 이런 곳이지 않을까. 발밑에서 하얀 깃털을 하나 주워들자, 절벽 앞을 나는 갈매기들이 부리로 한 권씩 뽑아다 주는 상상 속으로 금세 빠져드는 거였다.

"이곳은 중생대 백악기의 퇴적암으로 이루어진 지층이라고 할 수 있지요. 기반암은 화강암이지만요. 침식되어 퇴적된 층층의 절벽이 꼭 어마어마하게 많은 책을 쌓아 놓은 느낌이 들지요." "돌에 관해 잘 아는군요. 나도 돌로 만들어진 책의 서고라는 인상을 받았는데 같은 빛깔이네요." 채석강에서 반대쪽으로 백사장을 걸어 한참 올라가면 붉은 암벽들로 이루어진 또 다른 해안 절벽, 적벽강이 있다는데 그곳까지 가는 건 그만두기로 했다.

그 후에 그는 자기의 여정을 따라 다른 곳으로 향했고 나는 내소사, 한자의 뜻 그대로 올 래來와 소생한다는 소蘇 자를 지닌 그 절로 걸음을 옮겼다. 이승과 저승의 경계를 넘어 채석강 절벽의 돌 책을 읽으며 지내던 누군가가 죽었다 환생해서 온다는 이 절에 잠시 다니러 오지는 않았을까. 일주문에서 길게 이어진 전나무 숲길을 따라 걷는 동안 자꾸만 그런 한 사람을 만날 것 같은 착각에 빠져드는 걸 멈출 수가 없었다. 그래서 앞서가는 사람들의 뒷모습을 유심히 바라보며 걷다가 거의 그 길의 끝에 다다를 무렵이었다.

아주 넓은 등판을 가진 회색 머리의 키 큰 한 사람이 콧등을 시큰하게 하며 눈에 들어왔다. 아니 그건 눈이 아니라 가슴에 와 박히는, 결코 재게 걷는 법이 없던 한 사람의 묵직한 발걸음을 닮은 모습이었다. 그 뒷모습을 놓칠세라 걸음을 빨리하는데도 도무지 간격이 좁혀지지 않아 입술이 탔다. 조바심을 내며 대웅전 앞에 이르렀을 때 결국 그 모습은 더 이상 내 눈앞에서 걷고 있지 않았다.

날렵한 형태의 팔작지붕도 심하지 않게 휘어진 배흘림기둥도 단청을 하지 않아 더 깊은 멋을 낸다는 꽃살문도, 눈물 어린 눈에는 그저 흐릿한 형상으로만 다가올 뿐이었다. 맥없이 대웅전 앞에 있는 계단 아래 화단 구석에 앉아 무릎에 얼굴을 묻었을 때 귓가에 들려오는 소리가 있었다. 듬직한 뒷모습으로 가슴에 남은 목소리. 어쩌면 분홍빛 상사화에 담긴, 너무 깊어서 오히려 바래가고 있는 그리움의 존재일지 모른다는 생각이 스치는 순간이었다.

'당신과 함께 오겠다고 약속했던 적이 있지 않소. 내가 먼저 다녀와 이곳의 단청 설화를 들려주었을 때 꼭 가보고 싶다던 표정을 지금도 기억하고 있소. 대웅전 건물이 완성된 뒤 화공을 불러 단청 채색을 부탁하고는 사미승에게 작업이 끝날 때까지 절대로 법당 안을 들여다보지 말라고 일렀는데. 조급함을 이기지 못한 사미승이 어느 날 몰래 들여다보고 말았다고 했소. 법당 안에서는 오색찬란한 빛을 내는 새 한 마리가 날개에 물감을 묻힌 채 날아다니며 천장에 그림을 그리고 있다가, 놀라서 열린 문틈으로 날아가 버렸다는 얘기.

그 이야기를 들은 당신은 인간사에 완성은 없다는 걸 표현한 거라며 직접 보고 싶다고 하지 않았었소. 그래서 법당 좌우에 쌍으로 그려져야 용과 선녀가 오른쪽에는 그려지지 않은 걸 확인하고 싶다고 말이오. 데려다주겠다고 한 약속을 지키지 못하고 떠난 게 내내 마음에 걸려 있었소. 당신이 겪어냈듯이 너무 갑작스럽게 들이닥친 죽음이라 마지막 말 한마디 준비할 틈조차 없지 않았소. 그리 끝나게 될 줄은 예상도 하지 않았으니까 말이오.'

그 목소리가 더는 들려오지 않자, 걸어 들어오며 전나무 숲길에서 본 그 뒷모습이 내 눈에만 들어온 허상이 아닐 거라는 생각이 강해졌다. 내 그리움이 불러낸 착각이 아니라, 잠시 소생한다는 뜻의 이름을 지닌 이 절로 그 약속을 지키기 위해 다니러 왔음이 틀림없다는 확신이 말이다. 안국사지의 노랑빛 상사화, 그리움이 너무 깊어 이승과 저승의 경계가 허물어지며 엉켜버린 듯한 느낌의 그 꽃이 혹시 해후의 전조는 아니었을까.

그러자 빨리 경내 어딘가에 아직 머물고 있을 그 뒷모습을 찾아야만 한다는 조바심이 커지기 시작했다. 하지만 절 안을 여기저기 헤매고 다녀도 비슷한 모습조차 발견할 수가 없었다. 그러다 종무소 앞에 이르렀을 때였다. 절에 머물며 처사로 불리는 남자들이 입는 개량 한복 차림의 덩치 큰 한 사람이 그 문을 열고 들어가는 게 눈에 띄었다. 분명히 내가 전나무 숲길에서 따라온 그 뒷모습이었다. 다급히 부르려 해도 '저기요.'라는 말 외에는 나오지를 않아 답답했다. 그 사이에 그 뒷모습은 안으로 들어서고 문은 닫혀버리고 말았다.

도리 없이 주춤거리며 문고리를 잡아 열고 고개를 들이밀며 안에 있는 노스님에게 물을 수밖에 없었다. "방금 전에 이 안으로 몸집이 큰 남자 하나가 들어오지 않았나요." 내 말에 스님은 딱하다는 듯이 "이런 사람이 오늘 또 하나 왔구려. 아무도 들어오지 않았으니, 밖에 핀 상사화나 바라보고 가시구려. 거기 답이 있을 거요." 하며 혀를 차는 거였다. 마음 같으면 그래도 들어가 구석까지 훑어보고 싶었으나 부드러운 말투 속에 단호함이 서려 있어 섣불리 고집을 부릴 수도 없는 노릇이었다.

다리에 힘이 빠지는 걸 겨우 추스르며 문을 닫고 나왔을 때, 처음에는 보지 못한 하양빛 상사화가 줄지어 피어있는 게 눈에 들어왔다. 안국사지의 노랑빛 상사화도 처음이었으나 하양빛 꽃잎의 상사화 또한 처음 마주하는 거였다. 위도에서 처음 발견되어 '위도 상사화'라고 이름 붙여졌다던, 언젠가 사진에서 보고는 잊고 있었던 그 상사화의 무리가 바로 거기에 자리하고 있었다. 그리고 그 꽃들을 대하는 순간 내 눈에서는 주체할 수 없는 눈물이 쏟아지기 시작했다. 얼마나 참아온 눈물인지는 가늠할 수가 없었다.

핏빛 그리움이 바래져 분홍빛으로 피었던 상사화가 그리움이 너무 깊어 이승과 저승의 기억이 뒤섞인 노랑빛으로 바뀌었다가, 이제 이곳에서 비로소 그 경계를 받아들인 하양빛 상사화로 다가온 거구나. 아닌 줄 알았으나 끝까지 아니라고 여기며 버텨왔으나, 한 사람을 보내고 난 뒤의 내 아픔은 이리도 깊었구나. 어이없는 아픔이 시작된 건 늦가을이었다.

배가 불러오며 갑자기 피곤해하는 사람을 데리고 병원에 들어선 게 돌아올 수 없는 길의 초입이었다. 가정의학과로 들어간 사람이 배에 찬 복수를 뽑아내고, 혈

액종양내과로 가서 암 덩어리가 배에 들어찼다는 진단을 받기까지는 얼마 걸리지도 않았다. 워낙 건강체라 무방비 상태로 지내 온 게 화근이 된 건지도 알 수 없었다. 서둘러 수술하고 방사선 치료라도 해보자는 담당의사의 의지는 두 주일 만에 폐렴으로 중환자실행이 되면서 꺾어버렸고, 그리고 다시 패혈증으로 사망 선고를 받기까지 채 한 달이 걸리지 않았다.

'이십칠 일 만에'라는 말이 내 머리에 각인되어 자꾸 헛소리처럼 새어 나오곤 했던 이유가 바로 거기에 있었다. 내소사에 함께 못 가 미안하다는 목소리를 들은 건 삼우제를 지내는 날 새벽이었다. 푸른색의 줄무늬 남방 셔츠를 입은 그 사람이 같이 가자고 꿈에 왔었다. 따라나서서 얼마 못 갔는데 배에서 피가 흐르기 시작했다. 돌아가야지 안 되겠다고 울다가 깨서는 아직 버리지 못한 옷들 속에서 그 남방셔츠를 찾아냈던 기억이 그제야 선명하게 살아났다. 미안하다는 목소리는 바로 거기에 배어있었던 거였다.

'그 다음날 주저 없이 머리를 민 뒤 다시 자라난 머

리카락은 지금처럼 잿빛으로 변해버렸고, 나는 그걸 소복의 예로 삼아 건뎌온 거였구나. 불과 한 달 만에 힘이 모자라는 여자라는 뜻의 과부가 되어 성경 속 가장 불쌍한 처지의 존재로 살아온 날들이 결국은 기억을 짙은 안개 속으로 데려간 거였구나.' 그 속에서도 어렴풋이 남아 있는 건 내가 머리카락을 없앨 때 누군가 동행해서 자기도 함께 밀었다는 사실이었다.

쏟아지던 눈물이 그칠 무렵에야 이제는 하양빛 꽃잎의 상사화를 받아들여, 내가 그 경계를 넘어설 때까지 어떻게 시간을 꾸려가야 하는지 비로소 인식할 수 있었다. 그 사람도 분홍빛 상사화의 계절을 거쳐 노랑빛 상사화로 그리고 하양빛 상사화의 길에 이르렀을까. 싱싱하던 이파리가 말라버리면서 땅 위에서 땅 밑으로, 그런 뒤에 땅 밑의 기억을 안고 올라온 줄기에서 피어난 꽃송이가 시들어 다시 땅 위에서 땅 밑으로 돌아가듯이, 이름만 바뀔 뿐 상사화의 계절은 이승과 저승에서 똑같은 그리움으로 존재하고 있을지 모를 일이었다.

돌아 나오는 길에 기념품을 파는 곳에서 면으로 된

찻잔 받침을 세 가지 색깔 모두 샀다. 풀색과 황토색과 하얀색, 그 여정에서 만난 상사화의 빛깔과는 좀 달랐지만, 그 안에 쓰인 글씨의 의미를 간직하고 싶었다. '꽃이 진다고 그대를 잊은 적 없다.' 허허로운 발걸음으로 그곳을 나와 내가 향한 곳은 해남에 있는 땅끝마을. 또 하나의 약속이 남아 있다는 걸 내소사 일주문을 나오다가 기억해냈기 때문이었다.

사십구재, 불교식으로 아직 이승에 머물던 영혼이 완전히 저승으로 간다는 경계의 날. 밤이 가고 낮이 오기 시작하는 새벽, 그 경계의 시간에 온 꿈속 그 사람은 밭둑에 웅크린 자세로 앉아 등을 보이며 울고 있었다. 뒤돌아 앉아 있는데도 눈에서 떨어지는 굵은 눈물이 보이는 게 이상하지도 않았다. '또 한 가지 약속, 해남 땅끝마을에 같이 가자고 한 약속을 지키지 못해 미안하오. 그곳은 나도 가보지 못했으니 다른 누구와 가보도록 하오.'

땅끝마을 전망대로 올라가는 계단에서 누가 어깨를 툭 치기에 고개를 돌렸더니, 안국사지에서 만나 채석강까지 동행했던 젊은 남자였다. "우리의 최종 목적지가 같았나 보네요." 그때 불현듯 내가 한 사람을 그렇게 보내는 동안 곁을 지켜준, 그래서 홀로 남은 시간을 버텨낼 수 있게 해준 존재가 혹시 이 사람을 닮은 이는 아니었을까 하는 생각이 스쳐 갔다.

땅끝마을 표지석 앞에서 찍은 짧은 잿빛 머리가 흩날리는 사진 한 장을 끝으로 상사화의 여정은 마무리가 됐다. 아마도 그 여름 행로의 의미는 내가 처연한 심정으로 '시계꽃 도시'에 들며 잃었다고 여긴 기억의 뿌리를 얼마간 찾아냈다는 것. 앞으로는 분홍빛 상사화를 만난다 해도 노랑빛 상사화를 거쳐 종내는 하양빛 상사화를 바라볼 수 있다는 확신을 얻게 됐다는 데 있었을 것이다.

머리로는 헤아리기 힘든 그 오래전 시간 속의 바다백합이 어떻게 화석 사진으로 두 번씩이나 눈앞에 가까이 다가온 것일까. 새벽하늘 빛이 꼭 깊은 바닷속을 닮았다고 여기며 잠을 청하려고 다시 눈을 감자, 어느새 바다백합이 핀 심연 속으로 빨려 들어가는 듯한 느낌이 들기 시작했다. 그리고 그 속에서 예전에 내가 불렀는지도 모를 노랫소리를 들었다.

바다백합 계곡

바다백합 계곡

 밤새 잠이 안 들어 뒤척이다가 창밖의 하늘이 청보랏빛이 되어올 무렵, 무심코 열어본 휴대폰의 사진첩에서 바다백합의 화석 사진이 새로 저장되어 있는 걸 발견했다. 이걸 보면 전날 저녁에 분명히 누군가와 소통을 했다는 뜻인데. 사진을 받으면 필요에 따라 사진첩에 저장을 하고 바로 지워버리는 버릇대로 아무런 기록이 남아 있지 않았다.

 그 시간이 되도록 그렇게 잠이 들지 않았던 건 전날 나갔다 돌아오는 전철 안에서 믿어지지 않을 만큼 깊은 잠에 빠졌던 탓일까. 긴 돌담길이 끝나갈 즈음에 나타나는 한 수도회의 바깥쪽 성당에서 열린 결혼식에 간 건 늦은 오후였다. 축하의 글을 낭독해주기로 한 약속을 지키러 입구에 들어서니, 고운 한복 차림의 지인이 반갑게 인사를 했다. 내게는 쉽게 허락될 것 같지 않은 모습. 서글픔의 빛이 퍼지기 시작한 건 그때부터였을 것이다. 그래서 낭독하기 전 부럽다는 말이 먼저 나왔다.

식을 마친 후 지하 식당에서 낯익은 몇 사람과 이른 저녁을 먹고 다시 그 긴 돌담길을 걸어 지하철역을 향해 가자니, 가슴에 담겨 있던 서글픔이 어느새 일렁이기 시작했다. 누군가와 이 길에 있는 어느 찻집에라도 들어가서 진한 커피 향을 나눌 수 있다면 좀 나아질까. 그 길의 중간쯤에 자리한 예술극장 앞의 돌의자에 앉아 한참을 멍하니, 오가는 이들을 바라보다가 맥없이 일어나 지하철역으로 걸음을 옮겼다.

쉽지 않은 몇 달이었다. 연초에 내가 속한 단체의 봉사자들이 바뀌면서 차례가 왔다. 맞지 않는 일이라는 걸 알면서도 수락을 한 게 엄청난 오류였다는 건 두 달이 채 지나지 않아서였다. 인수인계를 받았으니 내

방식대로 처리를 해나가면 될 줄 알았으나 그것은 종전의 방식을 염두에 두지 않는다는 화살로 돌아왔고, 결국 그걸 이기지 못한 내가 아예 접어버리는 결과를 낳고 말았다. 식탁에 놓인 화병의 리시안서쓰 모가지를 꽃가위로 모조리 잘라버리는 손놀림이 그 시초였다는 걸 알아챘어야 했다.

맡은 일을 끝까지 해내지 못하고 물러났다는 자괴감은 나를 패배자의 심정으로 몰아갔고, 아무리 그건 아니라고 자위를 해도 그 감정의 늪에서 헤어 나오기가 쉽지 않았다. 거기서 벗어나기 위한 싸움을 홀로 계속하다가 축하 글 낭독의 약속을 지키기 위해 나온 길이었는데, 더한 홀로의 느낌만 지고 돌아가는구나. 전철 의자에서 억지로 졸음을 불러오며 눈을 감았다가 한참만에 뜨니, 내려야 할 곳의 몇 정거장 전이었다.

그렇게 졸면 옆자리 사람의 앉고 일어나는 기척을 얼마간은 느끼기 마련인데 도대체 얼마나 깊은 잠에 빠졌던 건가 싶어 좀 당황스러웠다. 탈 때는 꽤 많이 있던 사람들이 언제 타고 내렸는지 앞쪽과 옆쪽을 둘러봐도 앉아 있는 사람이 몇 안 될 정도였다. 늦은 시간도 아니고, 종점을 향하려면 아직 한참 남았는데 여느 때와는 아주 다른 느낌이었다. 그러자 내가 이곳으로 처음 내려오기 위해 전철을 탔던 날의 시간이 떠올랐다.

이른 아침이라 타자마자 앉아서 눈을 감고 있다가 잠깐 졸음에 빠졌던 듯한데, 내려야 할 역에 닿았을 때는 타기 이전의 기억들이 다 지워져 버린 느낌이었다. 내려오면서 '시계꽃 도시'라고 이름을 붙였으나 정작 시계꽃은 그 도시의 바깥에서 만날 수 있었기에 아무것도 되돌리지 못한 채, 불쑥불쑥 떠오르는 예전의 기억들을 순서 없이 만나며 명확히 정리가 안 된 채 이어가고 있는 날들. 그걸 다시금 인식하며 돌아온 늦은 저녁의 발걸음이었다.

잠자리에서 일어나지 않고 여전히 이리저리 뒤척이며 바다백합 화석의 사진을 들여다보다가 문득 떠오르는 게 있었다. 그래, 나는 예전에도 이 화석을 본적이 있구나. 사진첩의 화면을 한참 앞으로 돌려 보니, 정말 몇 년 전의 날짜로 기록된 사진이 한 장 있었다. 그 사진 속 바다백합은 두 송이였다. 하나는 줄기가 짧아 아래쪽에 자리해 있고, 줄기가 긴 하나는 위쪽이 꺾인 상태였다. 그리고 옆으로는 대여섯 개의 줄기만 드러나 있는 모양새였다.

어디서 그 바다백합의 화석을 보았는지는 기억해낼 수가 없었지만 내가 찍어서 저장한 건 분명했다. 그리고서 다시 전날 저장된 사진 속 바다백합을 보니 조금 다르기는 해도 비슷한 생김새였다. 한 대의 줄기에 부챗살처럼 퍼진 여러 개의 가는 줄기가 있어 반원을 이루고 있었다. 그 밑으로는 옆으로 퍼진 줄기들이 있어 또 다른 송이가 있었음을 짐작케 했다. 고생대 석탄기에서 발견된 바다백합 화석이라는 명패의 글씨도 분명히 읽을 수 있었다.

머리로는 헤아리기 힘든 그 오래전 시간 속의 바다백합이 어떻게 화석 사진으로 두 번씩이나 눈앞에 가까이 다가온 것일까. 새벽하늘 빛이 꼭 깊은 바닷속을 닮았다고 여기며 잠을 청하려고 다시 눈을 감자, 어느새 바다백합이 핀 심연 속으로 빨려 들어가는 듯한 느낌이 들기 시작했다. 그리고 그 속에서 예전에 내가 불렀는 지도 모를 노랫소리를 들었다.

"바다백합 피는 물속 푸른 계곡에 가고 싶어. 발밑에서 노닐다가도 쏴르륵 물살을 가르며 사라지는 상어의 지느러미를 따라가면 닿을 수 있으려나, 정녕.

여섯 달 병상에 미라의 형상으로 떠난 어머니의 혼이 지금쯤은 살 오른 앵무고기로 헤엄쳐 다닐지 모르는 곳. 화덕에서 한 줌 재로 남은 할머니의 넋이 은빛으로 빛나는 꽃가루가 되어 물결 바람에 날릴지 모르는 곳. 떨어지면 수백 리 곤두박질이라는 시파단 섬 외딴 절벽.

일렁이는 하늘이 저만치 올려다보이는 수심에 떠서, 무슨 휘장처럼 가로 붙어 자란 부채산호를 바라보다 물거품처럼 올라오는 바다백합의 소리를 들었지. 아아 오오, 아오 오아. 말 한마디 못 남기고 떠난 이들의 말보다 곡진한 말 같기도 하고 이제는 인간사 훌훌 털어버린 이들의 숨겨진 환호성 같기도 한, 해가 뜨기 전 새벽하늘을 닮은 청보랏빛 노랫소리.

뭍에 피는 백합은 하얀 빛이어서 나 하나만을 비출 수 있으나, 검푸른 심연 공기 방울로는 가닿을 수 없는 곳에만 핀다는 바다백합은 연두의 형광빛으로 나와 너를 비추고 남지 않으려나. 그래서 홀로가 아닌 노래를 부를 수 있지 않으려나.

꽃이 아니면서 꽃으로 피는 그 물의 백합 만발한 계곡. 어쩌면 어머니와 할머니가 이마에 손 얹고 기다리고 있을 피안의 그곳에 가고 싶어. 발목이 시큰거리도록 잰 오리발 짓으로 저 상어의 꼬리를 따라가면 낼모레 즈음엔 가 닿을 수 있으려나."

그 노래의 끝에서, "내 세례명이 체칠리아가 된 건 그 바다백합의 꿈을 가슴에 품고 있어서였을까."라는 말을 중얼거린 게 잠 속이었는지는 알 수 없었다. 하지만 또 다른 백합의 기억을 되살려낸 것만은 분명했다. 백합을 방 안 가득히 피워놓고 잠이 들면 고통스럽지 않게 죽을 수 있다는 말을 들은 게 언제인지는 기억나지 않았다. 사실인지 아닌지도 모르면서, 목숨을 조용히 지게 할 수 있다는 백합의 향기는 줄곧 마음을 사로잡았다.

혼자의 공간에 혼자의 힘으로 머물 수 있게 되었을 때 양손에 가득 백합을 사 들고 돌아온 하나의 저녁이 있었다. 단지에 꽂아 놓고는 창문을 꼭 닫고 커튼을 내린 채 불을 끄고 누웠다. 방바닥에 등을 대고 누워 숨을 깊이 들이마시니 차츰 향기가 콧속으로 스며들기 시작했다. 죽음을 조금만 연습해 보리라. 그러자 향기 탓인지 기분 탓인지 모든 게 멀어지며 아득해지는 느낌이었다. 그때 번개처럼 머릿속을 스치고 지나가는 건 하고 싶은 게 얼마나 많은데, 죽음에의 꿈은 훨씬 후에 이루어도 될 테니 그만 일어나자라는 거였다.

한동안 잊고 지냈던 백합의 기억이 다시금 떠오른 건 영세를 잃둔 때였다. '체칠리아'라는 이름은 '첼리 릴리아', 즉 '천국의 백합'이라는 뜻을 지닌다는 걸 알고 세례명을 그것으로 정하면서였다. 로마의 귀족 체칠리이 가문의 딸로 태어난 그녀는 부모의 강요에 못 이겨 발레리아노라는 이교도와 결혼했다. 하지만 결혼식 날 저녁 자기를 보살펴주는 천사와 노사제 우르바노의 도움으로 남편을 영세시킨 후 동정녀로 지내다가 순교했다.

신앙의 포기를 강요하는 자들에 의해 뜨거운 목욕탕에 가두어졌는데도 죽지를 않자, 다시금 목을 세 번이나 칼로 내리쳐지는 형을 당했다. 그 뒤 사흘 만에 숨이 끊어져 지하 묘지에 안치되었다가 훗날 그녀의 이름을 딴 성당에 모셔졌는데, 목을 옆으로 돌리고 누운 시신의 모습이 마치 살아있는 것 같았다고 전해졌다.

그러나 나는 그런 성녀의 이름을 빌려 쓰면서도, "체칠리아 성녀여. 당신은 음악의 주보 성녀로 칭송을 받는데 음률은 모른 채 글자로 노래를 읊조리는 저는 당신을 닮은 구석이 전혀 없나이다. 백합이라는 이름만으로 당신을 따르기로 한 저의 어리석음은 갈 데가 없나이다." 하는 푸념이 항상 전부이고는 했다.

앞서 죽음의 길을 걸어간 어머니와 할머니를 굳이 바닷속에서 기리게 된 건 뭍에 피는 백합 대신 물에 피는 백합에 매료되기 시작했을 무렵이었다. 스쿠버 다이빙 장비를 메고 물속에 들어가면 그 그리움은 배가 되어 가끔씩 눈물이 나곤 했다. 거북이 산란하는 것을 방해하지 않기 위해 해가 지면 해변을 거닐 수 없는 작은 시파단 섬에서는 그게 더욱 심해져서 울음이 나올 정도였다. 물안경을 쓰고도 눈물을 흘릴 수 있다는 걸 그때 처음 알았다.

절벽에 붙어 자란 부채산호 곁에 떠 있다 보면 상어도 함께 눈에 띄곤 했는데, 순식간에 깊은 곳으로 사라지곤 하는 그 꼬리들을 따라가면 먼저 간 분들이 머무는 피안의 계곡에 닿을 수 있을 것 같았다. 이 바닷속 계곡엔 수심이 백 미터가 넘는 곳에서만 산다는 바다백합이 만발해 있을까. 해백합, 또는 갯고사리라고도 불리는 바다나리의 한 종류인 바다백합은 원래 동물에 속하지만, 자루 끝에 달린 꽃 모양의 깃털 팔이 한 송이 백합을 연상시켜서 내게는 애초부터 이름 그대로 연둣빛을 띤 꽃으로 자리를 잡았다.

검푸른 물살을 타고 올라와 귓전에 닿는 바다백합의—쉽사리 내려갈 수 없는 심연에만 피어 더욱 신비롭

게 다가오는—노랫소리. 그 속엔 아직도 세상살이에 묶여있는 나를 기다리고 있을 어머니와 할머니의 목소리가 깃들어 있는 듯했다. "딸아, 뭍에 피는 백합과 더불어 물에 피는 백합까지 가슴에 새긴 너는 기어이 천국의 백합으로까지 피어나야만 한다. 남보다 깊은 아름다움에 맛 들인 것만으로도 삶은 한층 고달프리니 다부지게 마음먹거라."

결국은 나 자신의 목소리였으면서 바닷속에서 들었다고 여긴 그 당부가, 전날 돌아오는 전철 안에서 그토록 깊은 잠에 빠지도록 지쳐 있던 나를 일으켜 세울 수 있을까. 그런 회의가 들자 누워 있는 얼굴의 눈가로 눈물이 흘러내렸다. 한데 그 눈물이 불러온 건 뜻밖에도 시파단 섬에서 직접 보지는 못했으나, 화면에서 본 적이 있는 거북의 해산 장면이었다.

밤바다에서 나와 네 발로 모래밭을 움씰움씰 기어 올라와서는 구멍을 파고 눈가에 눈물이 고이도록 용을 쓰며 알을 낳은 뒤, 그것을 다시 덮고 축 처져서 물로 돌아가는 모습은 여자의 해산과 다를 바 없었다. 아직은 하얀 알껍데기에 싸인 새끼 거북을 위해 두 개의 앞발로 요람을 만드느라 목과 등에까지 온통 모래를 뒤집어쓴 채 밤하늘의 별빛만을 위안 삼아 산고를 겪어내는 모습은 보는 것만으로도 눈물 글썽이게 했다. 눈가의 물기가 실은 삼투압을 조절하기 위한 것이라는 걸 안 뒤에도 그 감동은 사라지지 않았다.

전날 축하 글을 읽었던 결혼식에서 부럽다는 말을 꺼낸 걸 보면 내게 그런 감정을 불러올 수 있는 존재가 있어야 맞는 일인데. 그렇기라도 하다면 나는 지금 홀로가 아니어야 하는데. 늘 혼자 불 꺼진 집으로 돌아와 전화가 오지 않으면 목소리를 낼 필요가 없는 하루하루를 이어가고 있으니 도무지 뭐가 뭔지 헤아려지지 않는 노릇이었다.

아침이 되어서야 겨우 잠이 들었다 깨서 일어난 건 늦은 오후가 되어서였다. 허리가 아파서 더는 누워 있을 수가 없었다. 엉거주춤하며 겨우 일어나 화장실로 향하다가 옆쪽 벽면에 걸린 시화 액자에 눈이 갔다. 여러 가지의 푸른색 수채화 물감이 섞여 칠해진 바탕 위에 짙은 회색으로 쓰인 글씨가 눈에 들어왔다.

"아들아. 내가 부서지는 그 순간에 우람하게 들려온 네 울음은, 아주 짧은 그러나 찬란하게 이 삶을 비추며 나는 축제의 나팔 소리였다. 그리고 그건, 아무도 건너와 줄 수 없는 처절하도록 외로운 섬에서의 하루. 그 하루의 해일 끝에 얻은 아름답기보다 오히려 강한 평화의 나팔 소리이기도 했다."

그건 분명 해산의 고통 끝에 얻은 한 생명의 탄생을 기뻐하는 내용이었기에, 그런 시화가 내 집에 걸려 있다는 것만으로도 갑자기 홀로의 외로움에서 벗어나는 느낌이었다. 불현듯 시파단 섬으로 다이빙을 하러 가기 전, 안내자에게 그곳에 가면 정말 거북의 해산 장면을 볼 수 있나요 하고 물었던 기억이 떠올랐다. 그걸 보면 그때 나는 이미 그 경험을 가지고 있었던 게 아닐까. 온 힘을 다해 한 생명을 탄생시킨 기쁨이, 홀로 자유로운 삶을 구가하는 이들에 대한 부러움을 거두어가고 남는다는 자위 또한 자리해 있던 걸 보면 말이다.

긴 돌담길에서 차 한 잔 함께 마실 수 있는 존재가 없어 맥이 빠졌다고 해서, 홀로의 삶이라고 말할 수 있는 건 아니지 않을까. 늦은 아침인지 점심인지 모를 끼니를 때우고 나서 천천히 걸어 내가 머무는 도시의 중심가에 있는 꽃집엘 갔다. 손질하며 따낸 꽃잎을 바닥에 그대로 두는 게 좋아서 가끔 들르는 곳이었다.

그날따라 유난히 백합에 마음이 가서 손짓을 하니, 낯익은 주인이 산에서 피는 백합은 향기가 진한데 온실에서 재배한 요즘 백합은 향기가 별로 안 나서 매력이 없어요 하며 웃었다. 그 말에 왜 느닷없이 '화석'이 된 백합도 있는 걸요 라고 대꾸를 했는지 모르겠다. 의아해하는 눈빛을 보며 그냥 해본 소리예요 하고 얼버무리고는 있는 걸 다 싸달라고 했다.

열 대 정도 되는 걸 신문지에 싸주기에 받아 안고서 차가 다니는 길을 지나 아파트 단지 앞에 있는 공원으로 들어서는데, 뒤에서 "백합을 사가지고 오시네요." 하는 소리가 들렸다. 목소리가 귀에 익다고 여기며 돌아보니, 얼마 전 공항에서 만나 현관 앞까지 짐 가방을 들이다 주고 간 청년이었다. 잠깐 나란히 걸으며 왜 또 생뚱맞게 그런 말을 꺼냈는지는 알 수 없는 일이었다. "바다백합을 보러 갈 수는 없으니, 뭍에서 핀 백합으로 대신하려고요."

내 말에 답하는 청년의 말 또한 예사로운 건 결코 아니었다. "그럼요. 깊은 바닷속에 피는 바다백합은 화석으로만 존재하니까요." 바다백합을 아는 것도 의외였지만 화석으로만 만날 수 있다는 걸 인식하고 있다는 사실 또한 뜻밖이었다. 하지만 어제 저녁 작은 배낭을 메고 있던 한 남자가 같은 역에서 내리기 전까지 잠깐 내 옆자리에 앉았고, 어느 자연사 박물관의 리플릿을 보고 있었던 것 같은데 혹시 라는 질문은 끝내 입 밖에 내지 않았다. 물론 바다백합의 화석 사진을 그 후에 보내주지 않았느냐는 말 또한.

살고 있는 아파트의 동이 달라 헤어질 때 청년이 한 말은 그대로 기억에 남겨 두기로 했다. "바다백합이 피었던 바닷속 계곡도 헤아리기 힘든 기나긴 시간 속에서 여러 차례의 변화를 겪었으니, 화석으로 발견되어 우리가 볼 수 있는 것이겠지요. 그처럼 또 오랜 시간이 흘러 우리의 흔적이 화석이 되어 다른 존재 앞에 드러나게 될지도 모르는 일이고요."

문득 바다백합을 아는 얼굴을 가까이에서 만나 이야기를 나눌 수 있었다는 사실만으로도 완전히 홀로는 아니라는 생각이 들자, 어제와는 다른 빛깔의 밤을 보낼 수 있을 듯해서 훨씬 가벼운 마음이 되는 거였다. 다시금 하늘이 청보랏빛이 될 때까지 잠을 못 이룬다 해도, 전날처럼 심연에서 올라오는 바다백합의 노랫소리에 처연해지지는 않을 것 같았다.

바닷물이 줄곧 밀려 들어와 주둥이와 함께 검은색 다리가 잠기는 바람에 더는 버틸 수 없는 지경이 되어서야, 저어새는 끝부분만 까만 하얀 날개를 펴고 날아올랐다. 이내 기품을 되찾은 모습이었다. 거기서 나는 씨앗 열매를 구해다 베란다 화분에 심은 해당화의 꿈을 다시금 보고 있었다. 시간을 되돌릴 수 있으리라는 기대로 찾아들었던 시계꽃의 도시에서 그 꽃 대신 찾을 수 있었던, 남은 삶의 버팀목이 되어줄 하얀 한 송이의 힘을 말이다.

화석섬 해당화

화석섬 해당화

 그날 만난 섬의 노을은 유난히 짙어서 돌아 나오던 발걸음을 붙잡았다. 주황빛이 퍼져가는 하늘 밑으로 아직은 하얀 빛을 띤 동그란 해가 바다의 표면을 향해 내려앉고 있었다. 멀리 두 개의 작은 섬 사이로 보이던 해는 앞에 펼쳐진 갯벌에도 주황빛을 번지게 하며, 하늘과 바다와 땅이 모두 그 빛깔의 영역에 든 것 같은 착각을 일으키게 만들었다. "우리 오늘은 저 노을 속에 머물다 가야겠는 걸요."
 온통 돌밭인 그 섬을 걸어 나오던 그가 고개를 돌리며 건넨 말에 나도 고개를 끄덕였다. 갯벌을 앞에 둔 방파제 위쪽 계단에 앉아 그 풍경을 바라보는 동안, 해는 서서히 원의 모양새를 줄여가며 반원이 되었다가 눈썹이 되었다가 그 주황빛의 여운만 남겨놓은 채 자취를 감췄다. 그 뒤엔 그러는 동안 갯골을 따라 밀려 들어오기 시작한 바닷물뿐이었다.

그와 함께 그 바닷가를 오간 건 벌써 여러 차례였다. 그래도 그렇게 강렬한 노을을 마주한 건 그때가 처음이었다. "처음 이곳에 온 날 기억하세요." 같은 아파트 단지에 살아 몇 번 마주친 그가 내게 이곳에 같이 가지 않겠느냐고 말을 걸어온 건 늦가을 전철역 앞이었다. 집 가까운 전철역 계단을 내려오면 의자가 놓여있어 잠시 앉아 생각을 고르기가 좋았다.

의자 끝에 앉아 있는데, 집에 다 와서 왜 여기 계세요 하는 말이 들려왔다. 눈을 들어 보니 반대쪽으로 가야 자기가 사는 같은 단지 내 다른 동이 나온다던 그 청년이었다. 다른 때보다는 무게감이 느껴지는 모습이었다. 내가 대답 대신 웃음만 짓자, 머리 복잡한 일이 있으면 내일은 쉬는 날이니 저랑 어디 같이 가실래요 하는 거였다. 다음날 오후에 그의 차로 처음 오게 된 곳이 바로 오늘 그 짙은 주황빛 노을을 만난 바닷가였다.

  방파제 위의 계단을 내려가니 바다로 향하는 긴 길이 나 있었다. 그 길 끝에는 누에의 모양을 닮았다는 섬이 있었는데, 양옆으로는 풍력 발전기가 돌아가고 있어 소리가 컸다. 약간 경사진 길을 걸어 들어가노라니 어느새 바라다보이는 앞쪽에서부터 물이 밀려들어 오고 있었다. 더 가다가는 안 될 것 같다며 돌아 나와 가까이에 있는 찻집으로 갔다. 이 층에 올라가 창가 자리에 앉아 커피를 마시는 동안 비가 쏟아졌다.

  그 빗줄기를 보자 집에서 한 시간 정도 떨어진 그곳이 아주 먼 바닷가로 여겨졌고, 무사히 돌아갈 테니 걱정하지 마셔요 하는 그가 낯설지 않게 여겨진 건 그때부터였다. 얼마 안 있어 비는 그쳤고, 돌아와 내려주며 다음에 또 같이 가요 하는 말로 자연스러운 약속이 이루어졌다. 그 후에 먼저 소식을 전하게 된 건 아주 뜻밖에도 내 쪽이었다.

  저녁 뉴스를 보다가, 우리가 갔던 방파제 옆쪽 섬 바

닷가 돌에서 1억 2천만 년 전에 존재한 공룡의 발가락 뼈로 추정되는 화석이 발견됐다는 화면을 보고서였다. 한 시민이 발견해서 신고했다는 사실이 더욱 놀라웠다. "저도 봤는데, 흥미로운 일이지요." 그러고 나서 얼마 후 다시 갔을 때는 풍력 발전기가 돌아가는 쪽이 아닌 다른 방향 쪽 섬으로 걸어 들어갔다. 오래전에는 그곳도 다 섬이었는데 지금은 육지와 연결되어 이름만 섬일 뿐이라는 것부터, 그는 생각보다 그곳에 대해 아는 게 많았다.

"공룡 발가락뼈가 발견된 곳은 이쪽으로 내려가야 해요." 위로는 섬의 꼭대기로 향하는 숲길이 나 있고 옆으로는 배의 앞부분을 본뜬 전망대가 자리해 있었다. 그 아래로 이어진 비탈길을 내려가니 먼저 왔을 때와는 아주 다른 풍경이 펼쳐졌다. 한눈에 담아지지 않는 너른 갯벌과 그 뒤로 이어지는 바닷가 절벽은 여태껏 접해보지 못한 풍광이었다.

절벽은 층층이 다른 종류의 암석들로 이루어져 이리 틀리고 저리 틀린 모양새로 원시의 느낌을 안겨주고 남았다. "저 바위들의 색과 모양이 다른 층들은 형성 시기가 모두 다르다는 걸 알려주는 거예요. 침식과 풍화 작용과 화산 폭발을 겪어낸 지구의 시간을 말해주고 있기도 하지요." "그럼 이 바닷가 돌에서 기사에 난 그 공룡 발가락뼈가 발견되었다는 거예요."

앞서가던 그가 초입의 절벽 밑에 있는 바위를 손가락으로 가리켰다. 그 바위의 표면에 날카로운 선의 자국이 네모를 그리며 나 있었다. "이곳이 그 발가락뼈가 있던 곳인데 절단해서 가져간 모양이네요." "가져가기 전에 직접 볼 수 있었으면 더 신기했을 텐데 아쉽군요. 그럼 이 바위들이 모두 공룡이 살았던 시기의 것들이라는 얘기잖아요."

"공룡은 중생대 트라이아스기와 쥐라기와 백악기에 살았는데, 퇴적암 중에서도 진흙이 쌓인 이암과 모래가 쌓인 사암에서 뼈가 발견되고는 하지요. 다음에는 이 근처에 공룡 알 화석이 발견된 곳과 코리아케라톱스라고 이름 붙여진 공룡의 뼈가 발견돼서 보관된 곳이 있는데, 거기도 같이 가보실래요. 과거의 시간으로 들어간 것 같을 거예요."

 공룡은 그때까지 내 관심사인 적이 없었는데 자꾸 끌려 들어가고 있는 느낌이었다. 하지만 공룡 그 자체보다는 아주 먼 시간 속에 살았던 공룡의 흔적을 통해서 그 기억을 소환할 수 있다는 사실에 매료되기 시작한 건 사실이었다. 그리고 그건 그 먼 시간의 기억들을 더듬어 보려고 애쓰는 사이, 그곳에 오기 전까지 안고 있던 내 안의 갈등들이 아주 가벼이 여겨지도록 만드는 치유의 힘을 얻었다는 의미이기도 했다.

 광산에서 암석을 캐내다가 초식 공룡의 발자국이 발견되어 보존해둔 곳에서는 사실 큰 울림이 없었다. 넓적한 돌에 발자국 비슷하게 파여 있는 게 공룡 발자국이라고 하니 그런가 보다 했을 뿐이었다. 한데 우리나라에서 처음 발견된 뿔공룡이라는 코리아케라톱스의 뼈를 전시관에서 마주했을 때는 그 느낌이 매우 커서 가슴이 뛸 정도였다. 머리뼈는 작고 몸의 무게 중심이 뒤쪽에 있어 두 발로 걸었으며 납작한 꼬리는 잘 발달해서 헤엄치는데 용이했을 것으로 추정된다는, 그 공룡의 뼈는 거의 완전한 형태로 보존되어 있었다.

근처에 있는 항구에서 열리는 요트 대회를 준비하다가 방파제 돌에서 발견이 되었다는 그 공룡 뼈는 안타깝게도 머리 부분이 함께 있지 않았다. 더구나 방파제를 조성할 때 쓴 돌들이 어디서 왔는지를 알아낸다 해도, 쌓는 과정에서 그 면들이 제각각 놓여졌기 때문에 찾아낼 수가 없다는 거였다. 완전한 모양새로 다 발견이 되거나 아니면 다른 공룡 뼈들처럼 차라리 일부분만 발견이 되면 좋았을 것을. 왜 머리만 떨어져 나간 모양새로 남은 것일까.

공룡 알 화석 산지에 갔을 때는 그렇게 오랜 시간이 지났는데도 알의 껍데기가 선명한 경계로 남아 있다는 게 놀라울 뿐이었다. 무더기로 낳아놓은 알들이 저렇게 화석이 되어 버리는 동안 그 어미들에게도 재앙이 닥치지 않았다고는 할 수 없을 테니, 그 고통 또한 쉽게 헤아려지는 건 아니었다. 언젠가는 우리 또한 그런 변화 속에서 긴 시간이 흐른 뒤에 이처럼 화석으로 발견될지도 모를 일이라는 생각이 들자 두렵기까지 했다.

"앞으로는 이 공룡의 머리뼈를 찾아주러, 지금은 다 연결돼서 섬이라는 이름만 남은 곳들을 다녀볼까요."
그게 그와 내가 그 섬들의 크고 작은 돌들이 깔린 바닷가를 거니는 이유가 된 지도 벌써 일 년이 넘어가고 있었다. 그러는 사이 나는 그에게서 정확히 알지 못했던 지식 여러 가지를 얻곤 했다. "밀물이 들어왔다가 바로 썰물이 되어 나간다는 걸 아세요."

그때까지 나는, 밀물이 들어와 돌들이 쌓인 곳을 다 채우고 절벽 밑까지 닿으면 한두 시간은 머물다가 썰물이 되어 나가는 줄 알고 있었다. 뭍을 향해 그리도 쉼 없이 찰랑이는 물결로 들어온 밀물이 바로 되돌아 썰물이 되어 떠나야 하는 안타까움. 밀물이 나간 뒤 바위에 걸려 있는 해초의 조각이 그래서 그리움의 잔해로 여겨지곤 했다. 썰물이 되며 드러나기 시작한 촉촉한 갯벌은 꼼지락거리는 작은 생명들의 소리 없는 소란스러움으로 가득 차지만, 아무리 살살 다가가도 이내 구멍 속으로 사라져 모습을 대하기는 어려웠다.

한참을 머물다 눈길이 가닿은 먼 곳에서 반짝이는

물결로 들어오기 시작하는 밀물이 때론 뭍을 향한 그리움의 애절한 손짓으로 여겨져 눈물이 핑 돌았다. 반복해서 그렇게 밀물과 썰물의 들고 남을 바라보며 저절로 알게 된 것도 있었다. 똑같은 물결이라도 들어올 때와 나갈 때의 소리와 힘이 확연히 다르다는 것 밀물은 마치 전차 군단이 전진해 오는 듯한 기세로 바라보는 것만으로도 기운 나게 했지만, 썰물은 바람이 있는 날도 고개를 숙이고 조용히 물러나 다음을 기약하는 군단의 모양새여서 서글픔을 안겨 주곤 했다.

그건 그냥 자연 현상일 뿐인데요 하던 그에게서 전혀 예상치 안았던 강한 눈빛을 본 건 그런 날 중의 하루였다. 늘 가던 섬의 바닷가로 향했는데 미처 물때를 확인하지 않았는지 내려가는 비탈길 앞까지 물이 들어와 출렁이고 있었다. 물이 가장 많이 밀려오는 대조기라 밀물의 높이가 최고조를 이룬 거라며, 가장 적게 물이 들어오는 소조기에는 밀물 때도 여기까지는 안 들어온다고 했다. 마음대로 오가던 돌들의 밭이 그렇게 바닷물에 잠긴 채 모습을 감춘 걸 보니 비로소 그곳이 바다의 영역이라는 게 실감 났다.

한참을 위쪽 전망대에서 바라만 보다가 가까이에 있는 어촌 박물관으로 향했다. 문을 닫기 직전이라 겨우 들어갈 수가 있었는데. 일 층을 돌아보고 이 층에 이르렀을 때였다. 그곳에서 바로 내가 저녁 뉴스에서 보았던 그 공룡 발가락뼈 발견의 기사가 크게 확대되어 걸려 있는 전시물을 만났다. 거기에는 바위에 붙어있는 아주 짙은 갈색의 발가락뼈 사진과 함께, 그곳을 방문한 시민이 우연히 발견해 신고했다는 내용이 적혀 있었다. 그 지역 섬 해안에서 오래전 공룡의 흔적이 나왔다는 사실이 그 박물관으로서는 큰 자랑 같았다.

"저게 파낸 자국만 남아 있는 그곳에 있던 뼈로군요. 사진이지만 실제 모습을 대하니 더욱 감동이 크네요."
"그렇지요. 지금은 자세한 조사를 위해 연구 기관으로 옮겨졌다고 알고 있는데, 그걸 마치면 이곳으로 돌아올 수 있지 않을까요." 그렇게 말하는 그에게서 나는 왜, 밀물로 왔다가 바로 썰물이 되어 먼바다로 가야 하는 아쉬움을 보았던 것일까. 그리고는 또다시 밀물이 되어 그 바닷가를 향하는 멈추지 않는 갈망의 눈빛을 말이다.

둘이 한참 동안 그 앞을 떠나지 않은 채 바라고 서 있노라니, 그곳의 해설사 같은 노인이 다가와 자기는 이곳 주민으로 자원봉사를 하고 있다며 인사를 건넸다. 우리도 이미 다 알고 있는 내용을 장황하게 설명하더니, 이름을 밝히지 않은 이 시민에게 고마워해야지요 라는 말을 덧붙였다. "섬이 길로 통하게 된 뒤 그렇게 여러 사람이 오갔는데, 아무도 눈여겨보지 못한 걸 발견해 이곳의 이름을 알려주었으니 말이에요."

그때 내 옆에 있던 그의 입가에 강한 눈빛과 함께 알 듯 모를 듯한 웃음이 잠깐 머무는 걸 봤다. 순간 내 머리를 스치는 건 혹시 이 사람이 이걸 발견한 그 시민이 아닐까 하는 생각이었다. 그러나 굳이 입 밖에 내어 묻지는 않았다. 이름을 밝히지 않았다면 자기 나름대로 이유가 있었을 테고, 그럼에도 공룡에 대한 깊은 관심을 놓고 있지 않다면 단지 그 먼 시간 속의 흔적을 발견하는 데 매료되어 있는 사람은 아닐까.

그 후 우리의 인사는 그 섬 바닷가에 가지 않으실래

요 하는 것에서, 어딘가에서 자기 몸과 만날 시간을 기다리고 있을 공룡의 머리뼈 찾아주러 가지 않으실래요 하는 것으로 바뀌어갔다. 절벽에서 떨어져 잘게 부서진 돌들이 끝없이 굴러다니는 바닷가에서 그는 절벽 면을 훑어보거나 바닥의 바위들을 꼼꼼히도 들여다보며 공룡 화석과의 만남을 위해 시간을 썼고, 나는 나대로 쌓여 있는 돌들 안에서 다듬어져 모양이 예쁘거나, 이암과 사암과 역암이 번갈아 쌓였다가 부서져 나가며 독특한 모양새를 지닌 것을 줍기에 열중했다.

그러는 동안 내 집에는 헤아려지지 않는 시간의 기억을 지닌 돌들이 점차 늘어나기 시작했고, 책장 앞자리에서부터 시작해 이제는 작은 공간만 있으면 돌들이 들어앉는 모양새가 되어 버렸다. 그래서 집안에 있어도 그 돌들에 눈길이 가다 보면 그 바닷가에 머물고 있는 것 같은 착각이 들 정도였다. 그중에서도 더욱 그런 느낌을 안겨주는 건, 적색 이암이라는 갈색을 띤 돌 틈에 수정과 비슷한 하얀 방해석이 들어가 무늬를 이룬 거였다.

감탄하며 주워온 돌 안에는 자색 이암에 방해석이 들어간 뒤에 다시 그 이암이 쌓였다가 부서져 나가면서, 바위섬에 하얀 파도가 치는 풍경을 연상시키는 것도 있었다. 바위가 깨지며 생긴 조각들이 긴 시간 파도와 바람에 닳아서, 손으로 그려도 힘들 여러 형태의 무늬를 지닌 돌을 줍는 것 또한 그곳에서 밖에는 얻을 수 없는 기쁨이었다.

어느 날 물이 찰랑이며 들어오는 바람에 발걸음을 돌리다가, 갯벌 끝에서 내가 주운 돌 하나가 그의 입에서 감탄사를 불러왔다. "이 돌의 무늬 특이하지 않아요." "자주색 바탕에 검은 무늬를 이루며 박혀 있는 게 화석일지도 모르지요. 우리가 찾아주고 싶은 그 공룡의 머리뼈 형상이라 여기고 간직하세요." 하지만 나는 그 돌을 그의 손에 들려줬다. "이걸 화석으로 느낄 수 있는 건 내가 아니라 당신 같군요. 공룡이 머물렀던 시간 속을 끊임없이 오가고 있으니 말이에요." 짙은 주황빛 노을 속에 머물다 온 바로 그날이었다.

그리고 한참 만에 다시 그곳을 찾았을 때 방파제 게

단 뒤쪽에 있는 풀밭에서 하얀 빛깔 해당화를 만났다. 진분홍빛 꽃송이들 사이에서 딱 세 송이가 피어있었다. 해당화는 바닷바람을 맞으며 피는 꽃이라 흔하지 않은 데다, 하얀 해당화를 본 것은 처음이었다. 피었던 가지를 잘 기억해 두었다가 익은 열매를 따온 건 얼마가 지나서였다. 그에게 부탁해 바닷가에서 퍼온 모래를 담은 화분에 그 씨앗을 품은 열매를 심으며 품은 소망이 있었다.

만일 네가 싹을 틔워 줄기와 잎을 내고 거기에 더해 한 송이 꽃이라도 피워 준다면, 한 사람을 느닷없이 보낸 안타까움으로 하여 시간을 되돌리고 싶다는 소망을 안고 시계꽃을 찾아온 도시에서, 이제는 다른 시간의 문을 여는 열쇠로 삼아 다시 한번 걸어가 볼 수 있지 않을까. 시계꽃은 바늘이 너무 연약해 그럴 힘을 얻을 수 없었고, 바닷바람에도 피어나는 너의 하얀 꽃을 들고 그 섬의 바닷가 절벽 사이로 난 문을 열어 차라리 더 먼 시간 속으로 걸어 들어가는 게 진정한 자유로움을 얻는 길이 아닐까.

그러면서 나와 아주 가까운 관계의 사람일지도 모를 그와 내가 그 공룡 발가락뼈의 화석섬 바닷가에서 찾고자 한 건 아마도, 머리로는 도저히 헤아리기 힘든 지금 우리가 머물고 있는 이 별의 시간이 지닌 기억이 아닐까 하는 생각이 드는 거였다. 그 후 그곳에서 특이한 한 마리의 새를 만난 건 끌려 나갔던 물이 다시금 밀려들어 오는 저녁 무렵이었다. 나오려는 발걸음을 붙잡은 그 새는 남녘에 있는 자연사 박물관에서, 주걱처럼 생긴 검은 부리로 갯벌을 긁은 둥근 자국이 화석으로 남아 있는 걸 본 적이 있는 저어새였다.

새는 얼마나 충실하게 들어오는 바닷물에 주둥이를 넣고 휘저으며 먹이를 찾는지, 박제로 자세히 보았던 기품 있는 하얀 뒷머리 깃털과 날개와는 영 어울리지 않는 모습이었다. 부리를 연신 흔들어도 정작 갯벌 속에서 뭔가를 찾아 삼키는 횟수가 그리 잦지는 않아 좀 안쓰러웠다. 그걸 지켜보노라니, 산다는 건 한 마리 새에게도 저렇게 엄중한 작업이구나 싶어 갑자기 눈물이 핑 돌았다. 그 치열한 몸놀림이 삶의 경건한 의식처럼 다가온 까닭이었다.

 바닷물이 줄곧 밀려 들어와 주둥이와 함께 검은색 다리가 잠기는 바람에 더는 버틸 수 없는 지경이 되어서야, 저어새는 끝부분만 까만 하얀 날개를 펴고 날아올랐다. 이내 기품을 되찾은 모습이었다. 거기서 나는 씨앗 열매를 구해다 베란다 화분에 심은 해당화의 꿈을 다시금 보고 있었다. 시간을 되돌릴 수 있으리라는 기대로 찾아들었던 시계꽃의 도시에서 그 꽃 대신 찾을 수 있었던, 남은 삶의 버팀목이 되어줄 하얀 한 송이의 힘을 말이다.